D1932289

Pikantes vom Grill

Michaela Lentz

Pikantes vom Grill

Südwest

Die Rezepte sind, wenn nicht anders angegeben, für vier Personen berechnet.

Abkürzungen: EL – Eßlöffel
TL – Teelöffel

Redaktion und Textergänzungen:
Brunhilde Thauer, München
Zeichnungen: Gerlind Bruhn, Hamburg
Fotos: Studio L'EVEQUE, München
Harry Bischof
Foodstyling: Axel Dreher

© 1990 Südwest Verlag GmbH & Co. KG, München
Alle Rechte, auch die des auszugsweisen Abdrucks, vorbehalten
Printed in Germany
Schutzumschlag: Eisele/Bulach & Partner, Augsburg
Satz: Typodata, München
Druck: Wenschow-Franzis
Bindung: Oldenbourg, München

ISBN 3-517-01201-7

Inhalt

Grillen ist ein Vergnügen

Kochen kann manchmal zur lästigen Pflicht werden – Grillen aber ist immer ein Vergnügen!
Und, um es gleich vorwegzunehmen: Grillen kann jeder!
Selbst Männer, die beim Töpfeschnüffeln nicht einmal fertigbekommen, den Deckel wieder richtig aufzulegen, entwickeln sich am Grill zu wahren Meistern und Experten.
Das Holzkohlenfeuer garantiert eine Atmosphäre, in der Ihre Gäste und Sie selbst sich von vornherein wohl fühlen. Unterstützen Sie das! Nehmen Sie Ihren Vorteil wahr! Ein Windlicht auf der Terrasse, die nahe zum Fenster gerückte Hollywoodschaukel, ein Baumstamm, auf dem die Gäste hocken und ins Feuer starren können, tun Wunder! Grillen Sie, was Ihnen Spaß macht, kombinieren Sie die verschiedensten Fleischarten (oder Innereien) mit Gemüse und Obst. Sie finden in diesem Buch alle möglichen Vorschläge. Bedenken muß man nur: Wenn der Grill klein ist, nicht zu viel darauflegen. Grillen Sie die Sachen, die länger brauchen (z.B. Kotelett), zuerst und dann die sogenannten Beilagen wie Speck, Tomaten und anderes.
Sollten Sie Besitzer eines gutziehenden Kamins sein – auch hier lassen sich bei heimeliger Atmosphäre kulinarische Köstlichkeiten zaubern.
Und auch das Grillen in der Küche wird zum Spaß und reizvollen Erlebnis. Ob man nun den elektrischen Tischgrill, den Kontaktgrill, den Toastgrill verwendet oder einfach Neues in der Grillpfanne oder im Backofen ausprobiert – eigentlich immer wird aus der Pflicht ein Hobby, ein Vergnügen, ein Erlebnis der Freude am Probieren und Erfinden.
Erweisen Sie sich als Lebenskünstler, als experimentierfreudiger Mensch – für sich, für Ihren Partner für Ihre Familie und für Ihre Gäste!
Denn Grillen ist nicht nur eine Gartechnik, es ist das reinste Vergnügen!

Vom Kohlenrost zum Infragrill

Auf Hawaii vergnügen findige Hoteliers riesige Touristenscharen mit der Zubereitung einer Bratspezialität auf fast echte Eingeborenenart. Dieses Schmurgelfest heißt *Luau*, und in dem Wort ist eine spezielle Art der Fleischzubereitung enthalten.
Man nehme etwa hundert Personen und ein zentnerschweres Schwein, denn pro Person rechnet man ein Pfund Fleisch. Das Schwein wird entborstet, gewaschen und von allen Innereien befreit. Jetzt wird eine Grube je nach Größe des Schweins gegraben und darin ein wildes Hartholzfeuer entfacht. Auf diesem Feuer bringt man zweieinhalb Stunden lang echtes Lavagestein zum Glühen.
Das Schwein wird auf folgende Art präpariert: Tiefe Einschnitte im Rükken sollen für das gutes Durchbraten sorgen. Auch wo die Beine sitzen, bringen die Hawaiianer tiefe Schnitte an, in die später heiße Steine gefüllt werden. Innen wird das Schwein mit Ingwerwurzel oder Ingwerpulver, Sojasoße und Steinsalz eingerieben. Auf das Zentnerschwein rechnet man viereinhalb Pfund Salz. Natürlich werden auch die bei den Beinansätzen eingeschnittenen Taschen so behandelt. Mit dem Rücken kommt nun das Schwein auf einen *Rost* aus Kükendraht, der wiederum bedeckt ist mit Blättern. Die glühenden Steine aus der Grube werden schnell ins Schwein gefüllt, die Beine zusammengebunden und das Ganze mit dem Kükendraht zusammengeschnürt. Jetzt hebt man das Schwein in die Grube und bedeckt es mit Blättern und nasser Erde. Ein Zentnerschwein schmort rund sechs Stunden, bis es gar ist.
Am besten nimmt man hartes Kiaweholz, das jedenfalls ziehen die Hawaiianer vor. Aber Eiche ist auch gut! Touristen sind ungeduldig, und längst hat man auf Hawaii erkannt, daß es niemandem zuzumuten ist, sechs Stunden auf das Menü zu warten. So nehmen die Luau-Leute ein möglichst kleines Schwein, ohne Rücksicht darauf, ob sich vielleicht dreihundert Personen zum Brutzelfest eingefunden haben. Wichtig ist nämlich nur der sensationelle Augenblick der Grubenöffnung: Köstlicher Duft zieht allen in die Nase, wenn das Luau-Schwein herausgenommen und an den erwartungsfrohen Zuschauern feierlich vorbeigetragen wird.
Inzwischen haben die Leute in der

Hotelküche für die Touristen alle Infragrille in Gang gesetzt und dort die nötigen Portionen Schwein vorbereitet, die nun als Luau den hingerissenen Partyteilnehmern serviert werden.
Eine enttäuschende Geschichte?
Nicht nur. Die Kunst des Grillens reicht nun einmal von der Zubereitung auf offener Glut bis zur hohen Küchenwissenschaft am raffinierten Gerät.
Das Barbecue hat Tradition, und vielleicht erklärt sich die Leidenschaft der Amerikaner, ihre Mahlzeiten so gern im Freien zuzubereiten und zu essen, aus der Romantik des Wilden Westens, der Romantik des offenen Feuers, über dem die Cowboys ihre Köstlichkeiten brutzelten.
Über das Wort *barbecue* gibt es die verschiedensten Meinungen. Die einen glauben, daß es von dem französischen Ausdruck *barbe à queue* abgeleitet wurde. Das zu bratende Tier wird von seinem Bart (*barbe*) bis zu seinem Schwanz (*queue*) auf den Spieß gesteckt. Die anderen führen das Wort jedoch auf das spanische *barbacoa* zurück. In Teilen Mittel- und Südamerikas bedeutet dies einen hölzernen Rost, auf dem das Fleisch gegrillt wird. Wie dem auch sei, bereits im 17. Jahrhundert röstete man unzerteilte Wildschweine über Kohlenfeuer, im 18. und 19. Jahrhundert waren es sogar Schildkröten, die dafür herhalten mußten. Politiker entdeckten das Barbecue und veranstalteten Riesenfeste, um Stimmen zu gewinnen. Eine der größten Partys dieser Art veranstaltete ein Präsidentschaftskandidat im Jahr 1840 in Ohio: 16500 kg Fleisch, Wildbret und Pasteten wurden verzehrt, und auch der Konsum des Apfelweins soll gigantisch gewesen sein.
Wir jedenfalls sollten uns freuen, daß die Zubereitung auf dem Rost und am Spieß wieder modern geworden ist. Überall auf der Welt haben sich Spießbratergilden wie zum Beispiel die *Chaine des Rôtisseurs* gebildet, in denen sich Freunde dieser alten Art des Bratens zusammengefunden haben. Wir modernen Nachkommen fröhlicher Spießdreher greifen aus zweierlei Gründen aufs Grillen zurück:
Erstens: Nur starke Hitze, viel Sauerstoff und ständiges Wenden garantieren, daß alle Geschmacksstoffe erhalten und hochgradig entwickelt werden.
Zweitens: Das Grillen, besonders mit Holzkohlenfeuer, ist immer ein gesellschaftliches Spiel mit hohen Reizen.

Barbecue oder das Grillen mit Holzkohle

Zehn goldene Regeln für Barbecue-Köche

1. Alles, was man grillt, sollte Zimmertemperatur haben. Grillgut, das zum Marinieren einige Stunden oder über Nacht im Kühlschrank gelagert wurde, sollte daher mindestens eine Stunde vor dem Grillen aus dem Kühlgerät herausgenommen werden.
2. Die Holzkohle muß mit grauer Asche bedeckt sein, bevor man anfängt zu grillen.
3. Die Glutfläche sollte immer etwas größer sein als das Fleischstück, das gegrillt wird.
4. Bevor man die Grilladen (oder das Grillgut) auf den Rost legt, die graue Asche mit dem Blasebalg entfernen.
5. Grillt man mageres Fleisch, den Rost mit einem Stückchen Speck einreiben oder mit Speiseöl einölen, damit das Fleisch nicht hängenbleibt.
6. Die Temperatur ist besonders wichtig. Steaks und Koteletts werden den größten Teil der Garzeit über mittlerer Glut gegrillt. Spareribs, Hühnerteile und mageres Fleisch benötigen weniger Hitze.
7. Damit sich die Poren des Fleisches schnell schließen, muß das Feuer anfangs entweder sehr heiß sein, oder man legt das Fleisch sehr dicht über die glühende Holzkohle. Dann verringert man die Hitze oder plaziert das Fleisch höher von der Glut entfernt. Praktisch ist darum ein Gerät, bei dem sich der Rost von außen in verschiedenen Höhen einhängen läßt.
8. Mageres Fleisch und Geflügel muß während des Grillens ständig mit Marinade oder einer Grillsauce bestrichen werden, damit es feucht und saftig bleibt.
9. Normalerweise werden Steaks und Koteletts dann gewendet, wenn der Saft oben austritt.
10. Wichtigste Regel: Niemals wundern! Mixen, braten, genießen! Am Anfang Rezepte ausprobieren, wie sie in diesem Buch vorgeschlagen sind. Dann erst abändern. Sie dürfen komplizieren oder rigoros vereinfachen. Dem Fleischeinkauf sollten Sie jedoch nur beim allerzuverlässigsten Metzger vornehmen. – Wenn Ihnen etwas zu *amerikanisch* vorkommt, so denken Sie daran: Die Leute drüben, jenseits des großen Wassers, wissen unendlich viel über Barbecue!

Die Geräte

Vielleicht geht es Ihnen wie mir: Lange Zeit bin ich um jene Monster-Ausstellungen teurer Luxus-Grillgeräte für Garten oder Balkon, für Camping oder Picknick geschlichen. Wenn man sich entschließt, selber unter die Grillfreunde zu gehen, hat man meist wenig Ahnung davon, wie das Gerät, das man sich anschafft, aussehen soll, welchen genauen Zweck es erfüllen soll. Darum möchte ich Ihnen hier einige Tips verraten.
Der einfachste Grill der Welt besteht aus zwei Astgabeln. Sie sollten aus grünem Holz sein. Den einen Ast steckt man in den Boden, auf den zweiten wird das Fleisch, die Wurst oder der Fisch gesteckt. Der so bestückte *Spieß* wird zur leichteren Handhabung in die Gabelung des im Boden steckenden Astes gelegt und über dem Feuer gedreht.
Dieser Grill auf Improvisationsbasis eignet sich für diejenigen, die nur selten grillen, keine großen Partys geben und auf Lagerfeuer- und Pfadfinderromantik bestehen.
Picknickfreunde, die auf die Anschaffung eines Gerätes verzichten wollen, bauen sich ihre Kochstelle selbst. Entweder schaufelt man sich einen dreißig bis vierzig Zentimeter tiefen Graben, möglichst in Windrichtung, füllt ihn mit Holzkohle oder selbstgesammeltem Holz, legt einen eisernen Fußabstreifer oder ähnliches darüber und grillt auf diese Art, was immer man möchte.
Oder aber, wenn der Boden zum Ausschaufeln ungeeignet ist, baut

man – ebenfalls in Windrichtung – aus zusammengetragenen, mittelgroßen Steinen zwei kleine Mauern, über die man einen zusammenklappbaren Gitterrost legt.
Einen billigen Grill für den eigenen Garten kann man sich aus Ziegelsteinen mit Löchern basteln. Man schichtet sie aufeinander und legt einen Rost darüber. Die Holzkohle legt man zwischen die Steine auf gefaltete, besonders starke Alufolie.
Auch aus einem Blecheimer oder einer großen Dose kann man einen Grill herstellen. Die Dose wird seitlich durchstochen, damit die Lüftung gut funktioniert, ein Bratrost aus dem Ofen kommt darüber, die Holzkohle in den Eimer, mit Spiritus befeuchten und anzünden. Fertig!
Aus gebrannten größeren Blumentöpfen kann man sogar für jeden Gast einen Mini-Grill herstellen. Im Blumentopf wird das Holzkohlenfeuer entfacht, jeder Gast bekommt einen Metallspieß, vielleicht noch einen Grillhandschuh, damit er sich nicht verbrennt, und kann so den eigenen Koch spielen.
Und jetzt zu den Geräten, die man kaufen kann. Inzwischen gibt es so viele Arten, daß auch hier die Auswahl schwerfällt. Im wesentlichen besteht ein solcher Holzkohlengrill aus einem Gefäß für die Glut und einem Rost. Das Prinzip ist, daß die Holzkohle in einer flachen *Pfanne* verbrennt, unter möglichst reichlicher Zufuhr von Sauerstoff: Das Ding muß also *Zug* haben!
In Frankreich fand ich in einem Kaufhaus vor langer Zeit das für mich ideale Gerät, das ich seit vielen Jahren benutze: einen Eimer aus kräftigem Eisenblech, mit großen Zuglöchern am unteren Rand und einem schüsselartigen Einsatz, der wie ein Knödelschöpfer durchlöchert ist. Dieser Einsatz nimmt die Holzkohle auf. Der Eimer hat einen Henkel, denn die Franzosen, die ja leidenschaftliche Angler sind, hängen ihn einfach an die Lenkstange ihres Fahrrades und nehmen ihn zum Angeln mit. So können sie die selbstgefangenen Fische sofort zubereiten.

Das Angebot im Handel ist groß: kleine Grillgeräte aus Ton oder Gußeisen für den Tisch bis zum fahrbaren Grill in Riesengröße und Luxusausführung. So praktisch solch ein großer Grill für den eigenen Garten ist, Chrom, Kupfer und handgeschmiedete Eisenschnörkel sind immer überflüssig, da sie bald niemand mehr putzen will. Aber das ist schließlich Geschmackssache. Wenn Sie später Lust haben, sich solch ein fahrbares Ding mit vergoldeten Beinen zu kaufen, so sollten Sie das ruhig tun. Zu Anfang aber ist die einfachste Vorrichtung, die Sie auch wirklich beherrschen können, das Beste.
Wichtig ist: Die Größe des Grillrosts sollte für mindestens vier Koteletts ausreichen. Haben Sie gerne und oft Gäste, ist die doppelte Größe das richtige. Der Glutkorb muß mit Löchern oder Schlitzen versehen sein, damit die Belüftung klappt. Sehr vorteilhaft ist es, wenn sich der Rost in der Höhe verstellen läßt, denn so kann man die Hitze am besten regulieren. Keinesfalls sollte der Grill wacklig auf seinen Beinen stehen. Standfestigkeit ist wichtig, da der Boden im Freien oft uneben ist. Ein verstellbarer Windschutz aus Metall bringt Vorteile. Er schützt nicht nur die Gäste vor lästigem Rauch, sondern nutzt auch jeden Windzug aus. Und selbst wenn eine leichte Brise weht, das Anheizen ist mit Windschutz ein Kinderspiel. Ein Drehspieß mit Elektromotor ist zwar kostspielig, aber eine empfehlenswerte Anschaffung. Handgekurbelte Drehspieße will eigentlich dann doch keiner bedienen. Für Spieß-Fans gibt es speziell hierfür konstruierte Geräte. Hier dreht sich der Spieß horizontal oder auch vertikal vor dem vertikal angeordneten Glutkorb, und unter dem Spieß befindet sich eine Fett- oder Saftpfanne.

Bei manchen Modellen läßt sich der Glutkorb auch in die Horizontale kippen, und man kann so, je nach Bedarf, diese oder jene Möglichkeit benutzen.

Wer gern Fische selbst räuchern möchte, sollte sich einen Grill mit Räucherhaube zulegen. Wacholder-, Rosmarin- oder Thymianzweige auf die Glut gelegt, ergeben ein wunderbares Aroma.
In Amerika besitzt fast jeder Barbecue-Fan einen passenden, gemauerten Grill im eigenen Garten. Sollten Sie dies vorhaben, orientieren Sie sich vorher genau, welche Möglichkeiten es da gibt.

Richtiges Anheizen

Das geeignetste Brennmaterial sind Holzkohlenbriketts, die es abgepackt fast überall zu kaufen gibt. Sie sind am saubersten und am leichtesten zu handhaben.
Allerdings werden auch Buchen-, Eichen-, Pappel-, Birken- oder Wacholderholzstücke angeboten. Hartholz brennt langsam und ergibt die nötige Glut. Harzreiches Weichholz dagegen verbrennt prasselnd und eignet sich eher zum Entfachen des Feuers. Will man zum Grillen lieber Holz statt Holzkohle verwenden, so darf es niemals morsch und verfault sein. Dann entwickelt sich zuviel Rauch, und es entsteht auch nicht die richtige Hitze. Feuchte Zweige sind natürlich ebenfalls ungeeignet.
Am zweckmäßigsten – besitzt man ein Grillgerät – wird der Glutkorb mit Alufolie ausgekleidet. Das verstärkt die Hitzereflektion, und das Gerät läßt sich leichter reinigen. Um die Zirkulation der Luft zu gewährleisten, durchsticht man die Alufolie überall dort, wo im Glutkorb Öffnungen angebracht sind. Am besten mit einer langzinkigen Gabel. Vorsicht, daß die Folie dabei nicht reißt!
Darauf kommt dann eine Schicht Kies und darauf das Brennmaterial. Dieses schichtet man am besten zum Anheizen zunächst bergartig auf.
Zum Anheizen können trockene Späne, Tannenzapfen oder Reisig verwendet werden oder aber die im Handel erhältlichen Anzündepasten und Anzündwürfel. In hartnäckigen Fällen gießt man einen Schuß Brennspiritus über die Holzkohle oder über das Hartholz. Dann wartet man, bis sich das Brennmaterial mit dem Spiritus vollgesogen hat, was etwa eine Minute dauert. Mit einem langen Kaminstreichholz entzündet man nun das Feuer. Vorsicht vor der Stichflamme! Augenbrauen und Markisen sind gefährdet. Die Spiritusflasche muß außer Reichweite stehen, bevor man mit dem Streichholz hantiert.
Benzin, Petroleum oder Heizöl dürfen niemals zum Anheizen verwendet werden. Dies ist lebensgefährlich, und außerdem verdirbt eine solche Methode den Geschmack des Gegrillten.
Kinder sollten grundsätzlich nie mit dem Anheizen beauftragt werden. Zu viele Unfälle sind schon passiert!
Ein häufiger Fehler von Anfängern ist, daß sie ein zu großes Feuer entfachen. Für die kleinen, tragbaren Grillgeräte genügen schon ein bis zwei Dutzend Holzkohlenbriketts.
Ein Grillfeuer sollte heißer sein als das Feuer für Spießbraten.

Das Braten am Spieß

Große Stücke Fleisch, Geflügel oder Wild im ganzen können am Spieß gebraten werden. Er wird elektrisch oder mit der Hand betrieben und ist je nach Gerät über oder vor der Holzkohle befestigt. Wird er *über* der Holzkohle betrieben, so formt man aus Alufolie eine Auffangschale für den heruntertropfenden Saft oder das herauslaufende Fett. So vermeidet man Stichflammen, und der aufgefangene Saft bildet die ideale Soße oder Soßengrundlage, die man nach Belieben verfeinern kann.

Das Fleisch muß immer gut ausbalanciert auf den Spieß gesteckt werden, sonst dreht sich das Gerät ruckweise und kann sogar aussetzen. Natürlich ist das nur bei elektrischen Geräten so!

Für den großen Braten ist ein Bratenthermometer eine gute Hilfe. Es sollte in einem leichten Winkel eingeführt werden, so daß die Spitze weder im Fett steckt noch den Spieß oder den Knochen berührt.
Wer hat, verwendet einen Dressierkorb (Seite 15), der sehr praktisch ist.

Spießchen für alle

Einfache Metallspießchen bekommt man inzwischen überall. Damit man sie besser handhaben kann, sind sie an einem Ende zu einer Öse gebogen. Mehr zu empfehlen sind für den Grill allerdings Spießchen mit einem richtigen Handgriff, der uns verbrannte Finger erspart. Die Griffe sollten aus isolierendem Material sein, damit man gut mit ihnen hantieren kann; sie dürfen jedoch nicht brennbar sein. Am besten ist es, die Spießchen sind so lang, daß sie mit beiden Enden auf dem Rand Ihres Grills aufliegen. Der Griff ragt dann außen hervor.
In Amerika brät man viel an Bambusspießchen. Diese muß man vor dem Bestecken in Wasser einweichen. Der leckere »Steckerlfisch« auf bayerischen Volksfesten steckt auf Hartholzspießchen. Auch wir können natürlich im Notfall Holzspießchen verwenden. Wichtig ist dann nur, daß die herausragenden Enden weder mit der Glut noch mit dem heißen Rand des Grills in Berührung kommen. Am besten umwickelt man die beiden Enden mit Alufolie. Für gemischte Spießchen verbieten sich Holzspießchen fast immer. Denn da bleiben freie Zwischenräume, und an diesen Stellen würden die Spieße verkohlen.
Für Spießchen kann man verwenden: alle Sorten Fleisch, festen Fisch, Schalentiere, Corned Beef, Lunchmeat, dann Würstchen, viele frische Gemüse und Früchte. Oberster Grundsatz beim *gemischten Spieß* ist immer, daß alle Bestandteile zur selben Zeit fertig werden. Wenn Sie etwa Kartoffeln zusammen mit rohem Fleisch aufspießen wollen, müssen Sie diese Kartoffeln in der Küche vorkochen; das empfiehlt sich ebenfalls bei kleinen Zwiebeln. Bei Anwendung dieses kleinen Tricks sind der Phantasie, wie Sie Ihre Spießchen zusammenstellen, überhaupt keine Grenzen gesetzt.
Beachten sollte man noch: Steckt man Gemüse und Fleisch auf die Spießchen und möchte man, daß das Fleisch innen roh und saftig bleibt, so steckt man sie eng zusammen. Soll es knusprig und gut durch sein, läßt man kleine Zwischenräume.
Soll man Spießchen marinieren oder nicht? Das ist eine Streitfrage, die schon viele Köche in Hitze gebracht hat. Die Entscheidung muß jedem einzelnen überlassen bleiben. Nur bei Shish Kebab ist Marinieren unvermeidbare Voraussetzung.
Shish Kebab kommt ursprünglich aus der Türkei – *shish* bedeutet Spießchen, *kebap* gebratenes Fleisch – und wird dort immer mit Hammelfleisch zubereitet.
Eine lustige Idee: Lassen Sie Ihre Gäste selbst die Spießchen am Feuer zusammenstellen, jeder, wie er mag.

Dazu brauchen Sie die Zutaten nur hübsch auf einem Tablett anzurichten, und jeder bedient sich. Nur: Schärfen Sie jedem ein, daß ein Spießchen nur dann gelingt, wenn an ein und demselben Spieß ausschließlich Dinge gegrillt werden, die gleichzeitig fertig sind!

Die Sache mit der Glut

Wie auch immer Ihr Grillgerät beschaffen sein mag, welche Methode des Anheizens Sie anwenden, eines müssen Sie sich merken: Um die nötige Hitze zum Grillen zu erreichen, braucht es seine Zeit. Vom Beginn des Anheizens an rechnet man mit fünfzehn bis fünfundvierzig Minuten. Die Holzkohlenbriketts müssen über und über mit grauer Asche bedeckt sein, erst dann können Sie anfangen.

Das Arrangement der Holzkohlenbriketts richtet sich nach Ihrem Gerät und nach der Art der Köstlichkeiten, die Sie zubereiten wollen.

Je mehr Holzkohle man aufeinanderschichtet und je dichter sie beieinanderliegt, um so stärker wird die Grillhitze. Um die Hitze zu reduzieren, schiebt man die Briketts mit der Feuerzange auseinander, so daß zwischen den einzelnen Briketts Zwischenräume entstehen. Geeignet ist diese Methode zum Grillen von Steaks, Koteletts, Hamburgers, Würstchen.

Haben Sie einen Grill mit Windfanggerät, mit einem elektrischen Spieß, schichten Sie die Briketts übereinander am Rand des Windfangs. Diese Methode empfiehlt sich auch, wenn Rost oder Spieß verhältnismäßig hoch über der Glut eingesetzt werden.

Die dritte Methode ist, das Heizmaterial in einem Ring zu arrangieren und es, je nach Bedarf, d.h. mehr oder weniger heißem Feuer, entweder dicht zusammenzuschieben, etwas auseinanderzuschieben oder aufzuschichten.

Reduziert werden kann die Hitze auch, wenn das Gerät so beschaffen ist, daß man den Abstand der Speisen zur Glut vergrößern kann.

Wichtig ist, daß die Feuerfläche immer etwas größer ist als die eigentliche Grillfläche mit den Speisen.

Asche, die sich immer wieder neu bildet, muß zwischendurch mit der Feuerzange entfernt werden, da sich sonst die Grilltemperatur verändert.

Nachgeheizt wird stets vom Rand aus. Wenn man mit dem Blasebalg der Glut etwas Luft zuführt, glüht das Brennmaterial schneller durch.

Bedenken sollte man, daß Außentemperatur und Luftfeuchtigkeit eine Rolle spielen. Je kälter die Luft ist, um so länger dauert das Grillen. Bei hoher Luftfeuchtigkeit brennt die Holzkohle langsamer, der Grillvorgang dauert länger.

Bei besonders magerem Fleisch sollte der Rost vorher mit Öl eingerieben werden.

Ansonsten legt man den Rost fünfzehn Minuten vor Grillbeginn über die Holzkohle. Er glüht dann gut durch, und das Einölen erübrigt sich.

Ein Drehspieß vor einem vertikal angebrachten Glutkorb erfordert, daß dieser restlos mit Brennmaterial gefüllt und durchgeglüht sein muß.

Wann ist die richtige Grilltemperatur erreicht? Es gibt einen einfachen Trick, dies festzustellen. Halten Sie Ihre Hand über die Glut, und zwar in dem Abstand, den das Grillgut haben wird. Dann zählen Sie langsam: und eins, und zwei, und drei usw., bis Sie die Hand wegziehen müssen, weil es zu heiß ist.

»Und eins« ist gleichbedeutend mit großer Hitze; »und drei« bedeutet mittlere Hitze; »und fünf« bedeutet gleichmäßige kleine Hitze.

Das Grillen auf dem heißen Stein

Eine uralte Methode, kleinere Fleischstücke, Fische, Gemüse und Obst zu garen, ist heutzutage große Mode geworden: das Grillen auf dem heißen Stein. In der Mongolei und im alten China war dies seit Jahrtausenden stets geübter Brauch. In Japan wurde diese Methode im Lauf der Zeiten immer wieder den modernen Techniken angepaßt, und so können wir diese Art des Grillens mit formschönen Geräten voll genießen.

Da gibt es den japanischen Steingrill, eine Art Rechaud mit einem einige Zentimeter dicken Steinteller darauf, natürlich auch in rechteckiger Ausführung, dann gibt es Steinplatten auf hitzebeständigen Gestellen, die man auf der Herdplatte oder über der Gasflamme erhitzen muß. Die Wärme im normalen Backofen reicht da-

zu nicht aus. Nicht zuletzt kann man sich jedoch selbst einen passenden Stein zum Grillen suchen.
Dieses Exemplar muß allerdings sehr hart und darf keinesfalls porös sein. Und das Wichtigste, der Stein muß gut Wärme speichern und auch wieder abgeben. Dazu eignen sich Granit- oder dickere Schieferplatten.
Ob wir nun eine selbst gesuchte Steinplatte oder einen industriell gefertigten Steingrill besitzen, die Pflege ist die gleiche. Diese Steinplatten vertragen nur heißes, klares Wasser. Schon ein einziger Tropfen eines Spülmittels überzieht den ganzen Stein mit seinem »Aroma«, das uns bei unseren Grilladen höchst unerwünscht ist. Die richtig gepflegte Steinplatte nimmt vom Grillgut dagegen keinerlei Geschmack oder Geruch an.
Abgesehen von der Attraktion ist das Grillen auf dem heißen Stein eine der schonendsten Garmethoden überhaupt. Filetstücke aller Art, ganz hervorragend Leber, dann Geflügelteile, kleinere Fische, Fischfilets, Gemüse- und Obstscheiben, alles wird ohne unangenehme Rauchentwicklung sanft gegart. Ob das Grillgut vorher mariniert wurde oder nicht, steht ganz im eigenen Belieben. Fleisch kann ohne jedes Fett gegrillt werden, Fische mit zarter Haut streicht man besser vorher mit Öl ein, ebenso Gemüse. Bei Obststücken wäre, damit sie nicht zu trocken werden, Butter vorzuziehen.

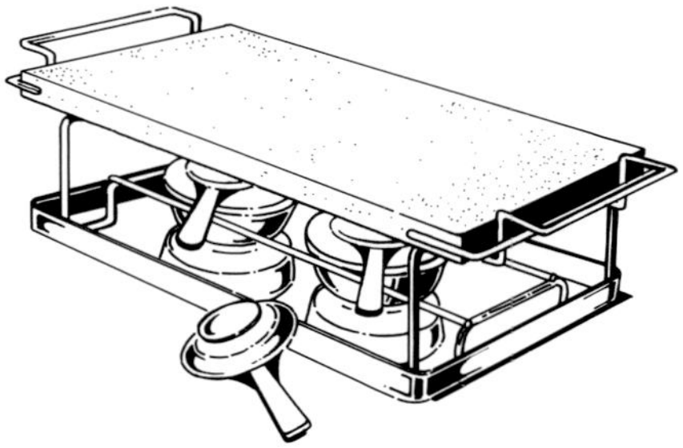

Wie beim Barbecue überhaupt, so sind auch beim Grillen auf dem heißen Stein der eigenen Phantasie keine Grenzen gesetzt. Zusätzlich ist die Gefahr, daß etwas vom Grillgut verbrennt, wie es beim Holzkohlengrill schon einmal vorkommen kann, praktisch ausgeschlossen. Daher machen auch wir uns diese angenehme, uralte Grillmethode aus fernen Zeiten in unserer modernen Welt voll Genuß zunutze.

Nützliches Zubehör

Viele Dinge werden als Grillzubehör angepriesen, wirklich oft benutzt man nur wenige. Meiner Erfahrung nach empfehlen sich:

Statt eines *Blasebalgs* zum Entfachen des Feuers kann man auch eine *doppelt gefaltete Zeitung* verwenden. Die Wirkung ist die gleiche.

Statt eines Topflappens verwendet man lieber *Grillhandschuhe*, mit denen man, ohne sich zu verbrennen, gut hantieren kann.

Zweckmäßig ist ein *Feuer- oder Schürhaken,* mit dem die glühende Holzkohle je nach Bedarf zusammen- oder auseinandergeschoben werden kann.

Mit einer *Schaufel* wird das Nachlegen neuer Holzkohle besorgt. Sie sollte einen langen Stiel haben.

Mit einem *Wäschesprenger*, einer *Blumenspritze* oder Söhnchens *Wasserpistole* lassen sich Stichflammen sofort löschen. Beim Bratvorgang dürfen sich nämlich nie offene Flammen entwickeln, was zuweilen geschieht, wenn Fett in die Gut tropft. Ein *in Wasser getauchter Zweig* tut es aber auch.

Eine *Grillzange* oder *Bratschaufel* ist wichtig zum Wenden der Grilladen, die niemals mit einer Gabel angestochen werden sollten, weil sonst der köstliche Fleischsaft verlorengeht. Auch hier sollte der Stiel möglichst lang und aus isolierendem Material sein, damit man sich nicht die Hände verbrennt.

Zum Begießen ist ein *langstieliger Löffel* von Vorteil.

Einen *Küchenpinsel* verwendet man, um damit die Grilladen mit Öl, Würzsoßen, Bier oder Glasuren zu bestreichen. Manche verwenden statt dessen ein Büschel Kräuter oder das Laub von Stangensellerie.

Alufolie ist vielseitig verwendbar: zum Auslegen des Glutkorbes; das Gerät bleibt dadurch sauber. Man kann daraus eine Auffangschale falzen, die den heruntertropfenden Saft auffängt; Beigerichte wie zum Beispiel Pilze, Maiskörner oder empfindliche Dinge wie Fischfilets können in Folie verpackt am Rand des Rostes heiß werden; vor dem Grillen können die mitgebrachten Fleischstücke usw. mit Folie abgedeckt und somit vor Insekten, Staub und dergleichen geschützt werden.

Ein *Drehspieß* ist nur dann vorteilhaft, wenn man des öfteren größere Fleischstücke (ganze Beinschinken) oder Geflügel (Truthahn usw.) zubereiten will. Dann sollte er einen Elektromotor haben, da die Zubereitungszeiten lang sind (manchmal bis zu zwei Stunden) und keiner der Gäste große Lust haben wird, die Handkurbel zu bedienen.

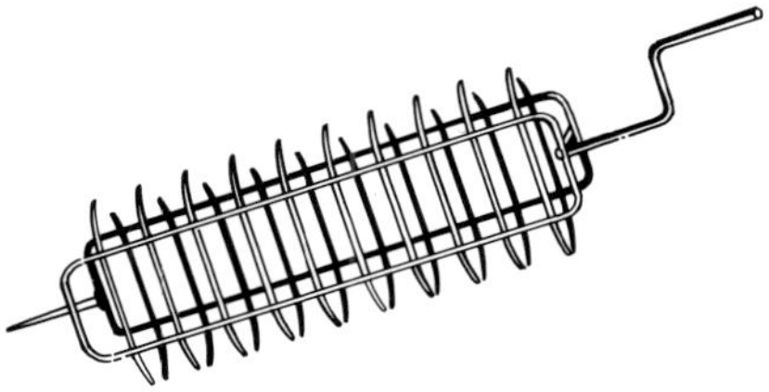

Zum Drehspieß gibt es einen *Dressierkorb*, in dem sich große Braten gut um den Spieß befestigen lassen, so daß während des Grillens alles in gleichmäßigem Abstand von der Hitze bleibt.

Kleine *Metallspießchen* mit langem Spieß eignen sich gut für Schaschlik oder gemischte Spieße. Sind genügend vorhanden, kann sich jeder Gast *sein* Spießchen selbst zusammenstellen.

Ein *Fleischthermometer* ist günstig, wenn man größere Stücke am Drehspieß grillt. Es wird in die Fleischmitte gesteckt, an die dickste Stelle, aber es darf mit seiner Spitze weder den Spieß noch den Knochen berühren. Man kann es auch beim Braten im Backofen benutzen.

Ein großes *Holzbrett*, besser aber noch ein *Tranchierbrett mit Saftrinne* für das Aufschneiden größerer Braten. Vor Gebrauch sollte es kalt abgespült werden, damit das Holz keinen Fleischsaft aufnimmt. Vor dem Aufschneiden des Fleisches sollte dieses etwa zehn Minuten ruhen, damit sich der Saft innen verteilen kann und nicht zuviel davon herausläuft. Der sich in der Saftrinne sammelnde Saft wird *natur* zur Grillade gereicht.

Ein *Tranchierbesteck* benötigt man für große Braten und Geflügel. Die Gabel hat lange dünne Zinken, das Messer eine lange scharfe, aber nicht zu dicke Klinge.

Sehr praktisch ist ein *Beistelltischchen* zum Ablegen der Grillgeräte, die man so immer schnell zur Hand hat.

Nützlich sind viele kleine *Schälchen* für die Saucen.

Dann sollen Sie hübsche und große *Salatschüsseln* besitzen. Denn verschiedene Salate dienen zur Geschmacksabrundung für Ihre Köstlichkeiten vom Grill.

Papierservietten können Sie nie genug kaufen. Grilleinladungen haben immer einen reizenden Hauch von Improvisation, und das verleitet selbst stocksteife Generaldirektoren, sich zu beschmieren und Krawattenmuster durch Soßenspuren oder sonstiges zu verändern.

Ihre eventuelle Abneigung gegen *Pappteller* sollten Sie überwinden. Sie sind für Grillparties ungeheuer praktisch, denn manche Grilladen lassen sich nun einmal nicht zwischen eine aufgeschnittene Semmel stekken. Umweltbewußte machen sich jedoch lieber die kleine Mühe und nehmen statt Pappteller und Plastikbesteck wiederverwendbares Geschirr.

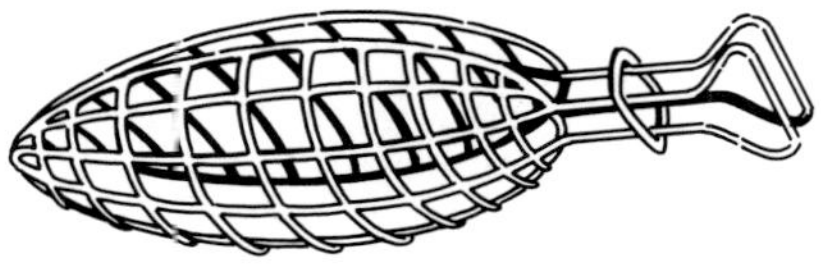

Zum Grillen von ganzen Fischen oder Hamburgern gibt es zusammenklappbare doppelte *Drahtgeflechtroste mit Stiel*, die sich wie ein Waffeleisen aufklappen lassen. Das Grillgut kann so ohne Umstände über der

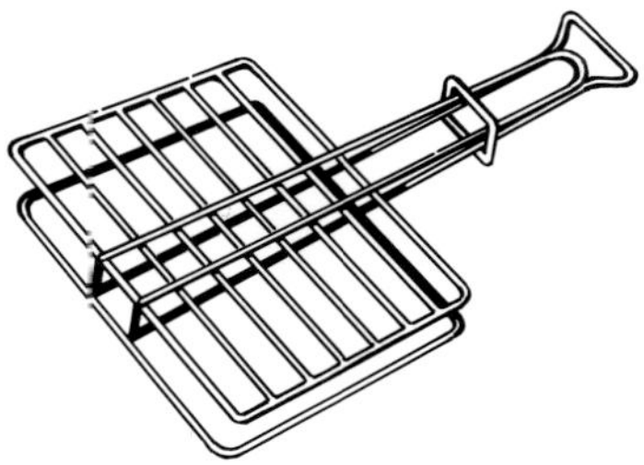

Glut gewendet werden. Außerdem fällt nichts von der Grillade heraus.

Ebenfalls im Handel erhältlich ist eine *Würzspritze*, die sehr einfach in der Anwendung ist: Mittels Fingerdruck wird die Gewürzmischung durch eine Stahlhohlnadel ins Fleisch injiziert, so daß auch große Braten durch und durch gewürzt schmecken. Fleisch, das zum Austrocknen neigt, bleibt auf diese Art schön saftig.

Reinigung und Pflege

Gartenfeste dauern bekanntlich lange! Aber wenn Sie auch noch so müde sind: Machen Sie sich die Mühe, Ihre Geräte sofort zu reinigen! Das heißt: Asche ausleeren, Rückstände mit einer Stahlbürste beseitigen (wenn Sie keine Alufolie verwendet haben!) und zum Schluß alles leicht einfetten, auch die Roste und die Werkzeuge! Versäumen Sie das, so haben Sie später mit hartnäckigen Krusten zu kämpfen oder gar mit einer fürchterlichen Schmiere, falls die ungereinigten Geräte dem Regen ausgesetzt waren.
Auch wenn die Geräte einmal längere Zeit nicht benutzt wurden, sollten Sie das Einfetten von Zeit zu Zeit wiederholen. Hat sich etwa Rost gebildet, so bekämpfen Sie ihn energisch! Chemische Rostauflöser machen Ihnen diese Arbeit leicht, und Sie haben länger Freude an Ihrer Grillausrüstung.

Wo darf man grillen?

Leider keineswegs immer dort, wo man es gerne möchte. Das fängt schon bei der eigenen Wohnung an: Auf dem Balkon darf man nämlich nur dann grillen, wenn die Nachbarn weder durch Rauch noch Geruch, noch durch Lärm belästigt werden. Das Grillen zählt nicht zu einer vertragsgemäßen Nutzung einer Wohnung, zu der ein Balkon oder eine Dachterrasse gehören! Das gilt auch für die Grillparty im Garten. Die Nachbarn müssen entweder verständigt werden oder man lädt sie ein und geht somit allen Beschwerden aus dem Weg. Auch in der freien Natur darf nur in den dafür vorgesehenen Regionen gegrillt werden – die meisten Gemeinden haben darüber Merkblätter aushängen oder schikken die Angaben zu. In Naturschutzgebieten oder öffentlichen Anlagen ist Grillen grundsätzlich verboten, es sei denn, es gibt einen speziellen Platz dafür.

Grillen in der Küche

Grillen ist nicht Braten, es ist Garen durch Strahlungshitze auf dem Rost oder am Spieß, rasch und schonend, mit geringer oder gar keiner Fettzugabe. Im Gegensatz zum Braten wird beim Grillen das Fett nicht als wärmeübertragendes Medium gebraucht. Beim Grillen bleiben fast alle Nähr- und Wertstoffe erhalten. Die Speisen sind leicht verdaulich und daher auch sehr geeignet für die Diätkost.
Kein Wunder also, daß auch das Grillen in der Küche – mit welchem Gerät auch immer – mehr und mehr Anhänger gewinnt. Wo dem fröhlichen Genießer saftiger Mastgänse aus dem Bratrohr unerwünschte Gewichtszunahme droht, benutzt der Verfechter schlanker Linie lächelnd seinen Grill.
Echte Grillfanatiker benutzen nicht nur ihren Holzkohlengrill, sondern scharen sich in der weniger freundlichen Jahreszeit um den elektrischen Grill, erproben auch hier die Rezepte, die bereits im Sommer zu Lieblingsgerichten erklärt wurden und erfinden neue speziell für das vorhandene Gerät.
Darum dürfen wir nicht vergessen zu erwähnen, daß Sie mit Ihrem Grillgerät in der Küche noch mehr Möglichkeiten haben als mit dem holzkohlenbefeuerten Barbecue-Grill.
Sie können gratinieren: Sie können Aufläufe, Suppen, Ragouts und belegte Toastscheiben überbacken.
Sie können überbräunen, das heißt, auf Süßspeisen, sogar auf Eisspeisen, Torten, Kuchen und Pies mit Baiser-Belägen können Sie in kürzester Zeit eine appetitliche Bräune zaubern und in manchen Geräten können Sie sogar backen.
Sie sehen, Ihre kulinarische Erlebnisreise wird nie ein Ende nehmen. Befreunden Sie sich mit dem Grillen und werden Sie zum Genießer und Lebenskünstler!

Die Geräte

Von der schnellen Improvisation auf dem handlichen Tischgerät bis zur raffinierten Kunst am eingebauten Luxusgrill mit allen Schikanen bietet sich Ihnen jede Möglichkeit, je nachdem, wie weit Sie Ihren Geldbeutel strapazieren wollen und können und mit wieviel Leidenschaft Sie das Grillen betreiben. Sie haben die Wahl zwischen folgenden Geräten:

Grill im Backofen

Wir unterscheiden hierbei einen *Einschubgrill* für alle Backöfen – Nachteil: Sie grillen nicht mit direktstrahlender Hitze, sondern mit heißer Luft! – oder ein *festeingebautes Grillgerät* im Gas- oder Elektrobackofen, das fast immer alle nur denkbaren *Extras* aufzuweisen hat, wie Drehspieß oder die Drehscheibe für kleine Spießchen.

Campinggrill

Der Campinggrill ist zusammenklappbar, wird mit Propangas beheizt und kann auch zum Kochen verwendet werden.

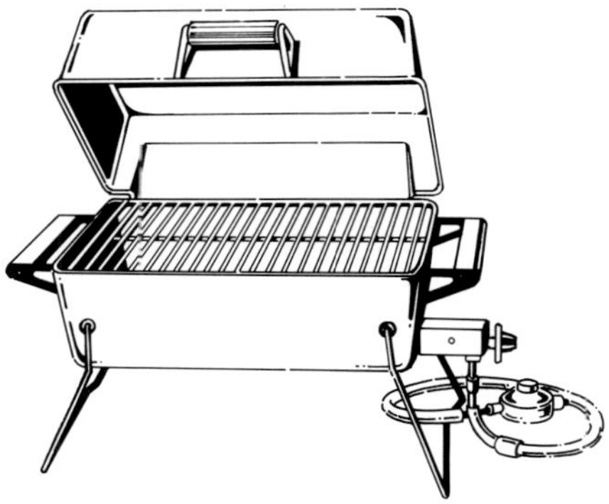

Grillpfannen

Grillpfannen gibt es aus Gußeisen oder beschichtet. Vorteil der Gußeisenpfannen: sie können höher erhitzt werden, daher ist bei ihnen der Grill-Effekt (hübsches Rippenmuster, kräftiger Geschmack) höher. Vorteil der beschichteten Pfannen: sie ermöglichen ein sehr fettarmes Grillen und sind leicht zu reinigen.
Die Grillpfanne mit hohen Rippen ist sozusagen der Ersatz für den Grillrost. Das Fleisch liegt auf den Rippen, zwischen den Rippen sammelt sich die heiße Luft.
Grillpfannen sind geeignet für: Würstchen, Steaks, Koteletts, Fischsteaks oder kleine Fische, Gemüse, Obst und Brotscheiben.

Kontaktgrill

Der Kontaktgrill besteht aus zwei elektrisch beheizten, gerillten Platten. Die Hitze wird von zwei Seiten direkt auf das Grillgut übertragen, die Garzeiten verringern sich deshalb. Dazu gibt es einen kleinen Spießeinsatz, ebenfalls Waffelplatten. Der Kontaktgrill ist geeignet für alles Kurzgebratene, zum Überbacken, für Rotationsgrillen, für Spießbraten, Waffelbacken, für die kleine Grillparty zu Hause, sogar auf dem Balkon oder auf der Terrasse.

Der Grilltoaster oder Toastgrill

Der Grilltoaster ist ein elektrischer Kleingrill, in dem kleine Grilladen Platz haben. Am besten aber eignet er sich zum Überbacken von Toast. Das Grillgut liegt auf einem Rost und wird meist nur von oben, aber je nach Modell manchmal auch von oben und unten (wahlweise) erhitzt.

Der Tischgrill

Bei den herkömmlichen Geräten, die einen Innenraum aus Stahl oder Email haben, muß man nach jedem Grillen alle Teile auseinandernehmen und reinigen. Es gibt aber auch Geräte, die diese Arbeit erleichtern:
1. Die selbstreinigenden Grillgeräte: Die Innenwände, manchmal nur die Decke, manchmal Decke und Wände sind mit spezialbeschichteten Blechen ausgestattet, die die Fettspritzer wie ein Löschblatt aufsaugen. Diese Bleche halten einige Jahre und können dann ausgetauscht werden. Die Garzeiten sind etwas länger.
2. Die Foliengrillgeräte: Bei diesen Geräten wird eine Alufolie über Rückwand und Oberseite des Grills gezogen. Fett und Saft spritzen dagegen, und das so beschmutzte Folienblatt wird einfach abgerissen. Die Garzeit verkürzt sich um etwa 40 Prozent, weil die Wärme von der Folie reflektiert wird. Manche dieser Geräte sind an den Seitenwänden noch mit selbstreinigenden Blechen ausgerüstet.
Bei Ihrem Einkauf sollten Sie außerdem bedenken: Nur Gastwirte oder Familien brauchen einen Riesengrill, in dem sich fünf oder mehr Hähnchen auf einmal drehen. Normalerweise wird man mit der üblichen Größe auskommen. Der Spieß reicht für zwei Hähnchen!
Gibt es die selbstreinigenden Bleche wirklich nachzukaufen? Und wie ist der Handgriff zu beschaffen? Kann man damit Fettpfanne und Rost gut festhalten oder rutscht der Rost herunter? Wird der Drehspieß von innen oder außen eingesetzt? Empfehlenswert ist von außen, denn dann ragt der Griff aus dem Gerät heraus.

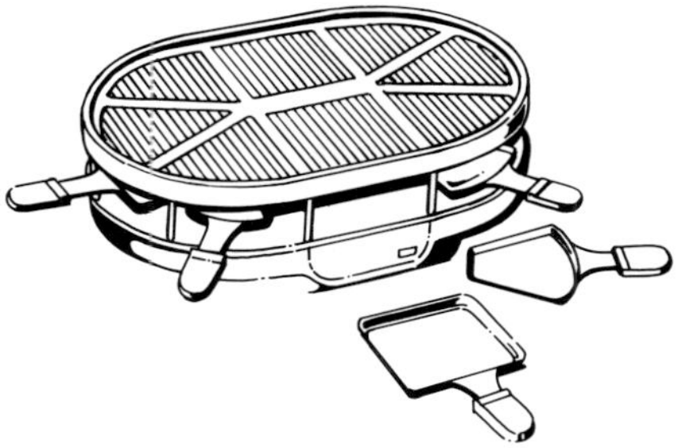

Die Grundausstattung: Diese ist nicht bei allen Geräten gleich. Fettpfanne, Rost, Drehspieß und ein Handgriff sind immer dabei. Bei manchen Fabrikaten gehört eine Garnitur Schaschlik-Spieße dazu.

Sonderzubehör: Der *Grill- oder Drehkorb* eignet sich gut für empfindlichen Fisch und für größere Fleischstücke.

Der *Doppel- oder Wenderost* erspart das Umdrehen einzelner Stükke. Das flache Grillgut wird zwischen zwei Rostgitter geklemmt und kann mit einem Handgriff gewendet werden.

Schaschlik-Spieße, am Drehspieß anzubringen (mehrere kleine Spieße werden in eine Vorrichtung eingehängt, die aus zwei runden Scheiben besteht).

Der *Schwergrillrost* ist ein besonders massiver Rost, der oben direkt über die Heizstäbe gelegt wird und sich vorzüglich zum Würstchenbraten eignet.

Zu manchen Geräten gibt es einen *Räucheraufsatz.* Sinnvoll, wenn man gerne Geräuchertes ißt und einen Angler in der Familie hat, der oft Fisch nach Hause bringt.

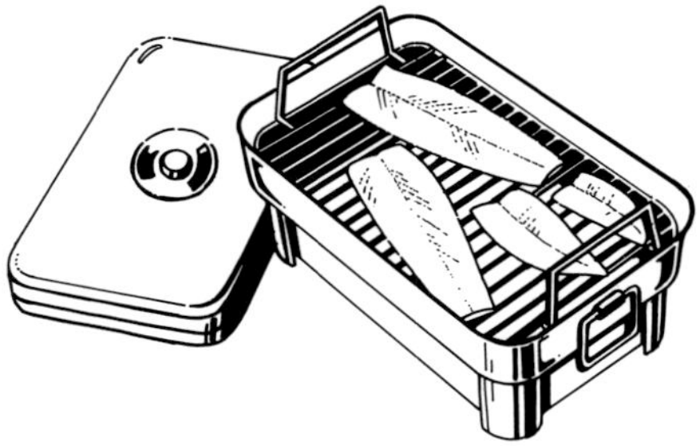

Warmhaltepfannen sind immer praktisch. Auch die Beilagen bleiben so warm und saftig.

Wichtige Regeln für das Grillen in der Küche

Gebrauchsanweisung Ihres Gerätes gut durchlesen!

Das Gerät laut Bedienungsvorschrift vorheizen. Grillrost mit Öl bestreichen, um ein Ankleben des Grillguts zu vermeiden.

Mageres Fleisch wie Kalbfleisch oder Geflügel, aber auch Fisch vor dem Grillen ebenfalls mit Fett bepinseln.

Das Grillgut auf dem Rost so anordnen, daß alle Stücke innerhalb des Strahlungsbereiches liegen.

Grillt man in der Folie, Folie innen leicht ölen; ansonsten ist keine Fettzugabe notwendig.

Kann man die Hitze nicht mit der Schaltung regulieren, schiebt man den Rost bei kurzer Garzeit oben ein, bei längerer oder sehr langer Garzeit dementsprechend niedriger. Dazu sind an den seitlichen Wänden Führungsschienen vorhanden.

Grillen Sie nur gleich dicke Fleischstücke, damit sie zur selben Zeit fertig sind.

Große Stücke brauchen geringere Hitze und haben längere Grilldauer.

Kleine Stücke brauchen große Hitze und haben kurze Grillzeit. Gewürzt wird vor dem Grillen. Salzen allerdings nur, wenn es im Rezept so angegeben ist.

Portioniertes Grillgut, auf dem geölten Grillrost liegend, beiderseitig grillen. Dünne Grilladen nur einmal, dicke mehrmals wenden. Dazu Grillzange verwenden.

Grillzeit auf der Uhr einstellen. Grillgut trotzdem immer wieder beobachten.

Großes Grillgut auf dem Drehspieß grillen.

Während des Grillens Grilladen mit abgetropftem Fett oder mit Marinaden bepinseln.

Bei allen *schieren* Braten am Spieß muß die Hitze im richtigen Verhältnis zur Größe, Qualität und Sorte des Bratenstücks stehen. Dabei spielt es auch eine Rolle, ob das Fleisch abgehangen ist oder nicht: Gut abgehangenes Filet braucht weniger Hitze. Tiefkühlfleisch ist schneller gar.
Weißes Fleisch (Kalb, Geflügel, Lamm) wird immer vollständig durchgegrillt. Es kommt darauf an, die Hitze so zu regulieren, daß es gleichzeitig innen gar und außen schön braun wird, ohne jedoch zu verbrennen. Ständig mit zerlassener Butter begießen, weil das Fleisch sonst trocken wird. Wenn der Saft, der sich an der Oberfläche bildet, farblos ist, ist das Stück gegart.
Dunkles Fleisch bombardieren Sie zuerst mit sehr großer Hitze, damit sich die Poren schnell schließen und der Saft im Fleisch bleibt. Dann bei mäßiger Hitze weitergrillen. So wird das Fleisch nach innen hinein gar.
Bei kleinen Stücken auf dem Rost muß man nach dem Angrillen mit Höchsttemperatur die Hitze nicht so sehr verringern wie für den großen Braten. Das kleine Stück ist schneller gar und dementsprechend die Gefahr geringer, daß es außen verbrennt, während es innen noch roh ist.
Auch *panierte* Stücke können selbstverständlich gegrillt werden. Mäßige Hitze ist hier Voraussetzung, wenn die Panierung nicht dunkler als goldbraun werden soll. Ab und zu mäßig mit zerlassener Butter bestreichen. *Zu viel* Butter läßt die Panierung aufweichen!
Besonders wichtig ist das richtige Einkaufen, bevor Sie beginnen. Nur allerbeste Qualität sollte in Frage kommen. Denn, wie sagt schon ein chinesisches Küchen-Sprichwort?
»Alle Dinge haben einen Charakter, wie auch der Mensch seinen Charakter hat. Im allgemeinen hat der Koch bei einem Essen nur sechs Zehntel getan, die übrigen vier Zehntel aber sind das Verdienst des Einkäufers.«

Marinaden, Glasuren und Saucen

Marinaden werden *vor* dem Grillen verwendet. Sie dienen in erster Linie zum Würzen des Fleisches, manchmal auch, um billigere Fleischstücke zart zu machen. In diesem Fall enthält die Marinade Zitronensaft, Essig oder Wein, und das Fleisch wird über Nacht darin eingelegt. Meistens aber mariniert man nur einige Stunden bei Zimmertemperatur. Marinaden sollte man nicht in Aluminiumgefäßen anmachen, sondern in Glasschüsseln. Im Kühlschrank sollte das Gefäß mit der Marinade immer zugedeckt sein, damit die anderen Speisen nicht den Geruch annehmen.
Übrigens: Die meisten Marinaden können auch als Bestreichsaucen verwendet werden.
Saucen zum Bestreichen werden *während* des Grillens verwendet. Man bestreicht damit das Grillgut, damit es nicht austrocknet. Für Dinge, die längere Zeit auf dem Grill bleiben, sollte die Sauce Öl enthalten. Saucen mit Tomatenzusatz verwendet man am besten erst in den letzten zehn Minuten, andere werden von Anfang an verwendet.
Glasuren geben dem Fleisch ein glänzendes Aussehen und einen speziellen Geschmack. Eine Glasur enthält meist Zucker in irgendeiner Form, zum Beispiel Honig, Sirup, Gelee oder Marmelade. Man bestreicht das Fleisch damit in den letzten fünf bis fünfzehn Minuten der Garzeit.
Barbecue- und fertige Würzsaucen sind im Handel in vielen Geschmacksrichtungen erhältlich. Man verwendet sie zum Bestreichen oder reicht sie extra. Trotz dieser großen Auswahl: Die selbstgemachte Sauce schmeckt immer am besten!

Sojamarinade

60 ml Sojasauce
1 Zehe Knoblauch, zerdrückt
60 ml Öl

Alle Zutaten gut vermischen. Diese Marinade paßt besonders gut zu Fisch und Schaltieren.

Kalifornische Marinade

60 ml Öl
3 cl Zitronensaft
1 EL Paprika, edelsüß
2 EL Worcestershiresauce
ein Spritzer Tabascosauce
2 EL Essig
2 TL Salz
2 TL Zucker
2 Zehen Knoblauch, zerdrückt

Alle Zutaten gut vermischen und im Kühlschrank aufbewahren. Vor Verwendung nochmals gut durchrühren. Diese Marinade eignet sich für Kalbfleisch, Schinken, Schweine- und Rindfleisch.

Kräutermarinade

½ TL Rosmarin
½ TL Estragon
½ TL Thymian
60 ml Öl
120 ml Zitronensaft

Außer dem Zitronensaft alle Zutaten in einem kleinen Topf erhitzen, dann erst den Zitronensaft dazugeben und gut verrühren. Erkalten lassen und über das Fleisch gießen. Eignet sich für Geflügel und Lamm.

Zwiebel-Knoblauch-Marinade

1 Bund junge Zwiebeln
3 Knoblauchzehen, zerdrückt
Butter
6 EL Ketchup
60 ml Weinessig
1 TL Worcestershiresauce
½ TL Selleriesalz
½ TL Knoblauchsalz
½ TL Zwiebelsalz
½ TL Chilipulver
½ TL Senfpulver
½ TL getrocknete gemischte Kräuter (Rosmarin, Thymian, Estragon)

Die Zwiebeln schneiden und zusammen mit dem Knoblauch in genügend Butter goldbraun werden lassen. Die übrigen Zutaten in einer Schüssel vermischen und die sautierten (gerösteten) Zwiebeln dazugeben. In dieser Mischung werden vor allem Steaks drei Stunden lang vor dem Grillen mariniert.

Weinmarinade

60 ml Öl
60 ml Rot- oder Weißwein
2 EL Zwiebel, gerieben
1 Zehe Knoblauch, zerdrückt
1½ TL Salz
wenige Tropfen Tabascosauce

Alle Zutaten gut vermischen und bis zur Verwendung im Kühlschrank aufbewahren. Diese Marinade eignet sich besonders gut für Geflügel aller Art.

Joghurt-Marinade

2 Becher fettarmer Joghurt
1 kleine Zwiebel, sehr fein gehackt
1 kleine Knoblauchzehe, sehr fein gehackt
½ EL frisch geriebene Ingwerwurzel (oder 1 TL Ingwerpulver)
Saft von 1 Limette
1 Messerspitze Nelken, gemahlen
1 Messerspitze Cayennepfeffer
½ TL Zimt
½ TL Muskatnuß
¼ TL Koriander
¼ TL Salz

Joghurt, Zwiebel, Knoblauch, Ingwer und Limettensaft werden am besten im Mixer oder in der Küchenmaschine zu einer völlig glatten Masse verarbeitet. Dann werden nacheinander die Gewürze darunter gemischt. Diese Marinade eignet sich für Fleisch aller Art. Sie wird auch nach dem Grillen zum Dippen verwendet.

Wildmarinade

1 große Zwiebel in Scheiben
1 große Karotte, geraspelt
1 EL Petersilie, gehackt
1¼ TL Salz
6 Pfefferkörner
5 Wacholderbeeren
¼ TL Thymian
100 ml weißer Essig
100 ml trockener Wermut
80 ml Öl

Alle Zutaten gut vermischen und über das Wildfleisch gießen. Entweder fünf Stunden bei Zimmertemperatur oder über Nacht im Kühlschrank marinieren. Nach Möglichkeit die Fleischstücke mehrmals wenden.

Knoblauch-Ingwer-Marinade

Sherry
Sojasauce
Erdnuß- oder Sesamöl
1 Knoblauchzehe, zerdrückt
1 EL frischer Ingwer, geschält, gerieben oder eingelegt

Man verrührt zu gleichen Teilen Sherry, Sojasauce, Erdnuß- oder Sesamöl, gibt dann Knoblauch und Ingwer dazu. Die Grilladen unter gelegentlichem Wenden drei bis vier Stunden in dieser Marinade ziehen lassen. Diese Marinade eignet sich besonders für Shrimps und andere Meeresfrüchte.

Honigmarinade

2 TL Ingwerpulver
2 TL Senfpulver
2 TL Salz
¼ TL Pfeffer
2 EL Sojasauce
2 EL Honig
60 ml Öl
60 ml Zitronensaft
3 Zehen Knoblauch, zerdrückt

Alle Zutaten gut vermischen. Diese Marinade schmeckt besonders gut bei Schinken, Schweinefleisch und Geflügel.

Koreanische Marinade für Steaks

60 ml Sojasauce
3 cl Öl
½ Knoblauchzehe, gepreßt
3 junge grüne Zwiebeln in dünnen Scheibchen
1 EL Sesamsamen
½ TL Pfefferkörner, zerdrückt
2 TL Zucker
1 TL Glutamat

Alle Zutaten gut vermischen und die Steaks für drei bis vier Stunden in dieser Marinade ziehen lassen.

Knoblauchmarinade

3 cl Öl
1 Knoblauchzehe, feingehackt
Saft von ½ Zitrone

Die Zutaten gut vermischen und die Rumpsteaks unter gelegentlichem Wenden in dieser Marinade 12 bis 24 Stunden ziehen lassen. Falls nötig, fügt man während dieser Zeit noch etwas Öl hinzu. Die angegebene Menge reicht für *ein* Rumpsteak.

Zitronen-Wein-Marinade

Saft von ½ Zitrone
1 EL Orangensaft
2 EL Weißwein
1 TL Senf
1 Spritzer Tabascosauce

Die Zutaten gut verrühren, über die Grilladen gießen und zugedeckt 30 Minuten ziehen lassen. Diese Marinade eignet sich hervorragend für Schinken und Kasseler.

Rosinenglasur

40 g Rosinen
2 EL Zwiebeln, gehackt
1 kleine Knoblauchzehe, zerdrückt
3 EL Tomatenketchup
60 ml Bouillon, 3 EL Öl
2 EL Weinessig
1 EL Farinzucker
1 TL milder Senf
1 TL Liquid Smoke (im Geschmack ähnlich dem Rauchsalz)
½ TL Salz, 1 Prise Dillsamen

Die Rosinen pürieren und in einem kleinen Topf mit den anderen Zutaten vermischen. Bei geringer Temperatur erhitzen. Die Mixtur muß zehn bis 15 Minuten brodeln.
Wenn Sie diese sehr intensiv schmeckende mitteldicke Mixtur verwenden, bekommt das Fleisch eine herrliche Glasur, die fruchtig und leicht süßsauer schmeckt. Statt der Bouillon können Sie auch einen trockenen Weißwein verwenden.

Honig-Nelken-Glasur

2 EL Honig
2 EL Zitronensaft
1 Msp. Nelken, gemahlen
1 TL Sojasauce

Alle Zutaten gut vermischen und entweder sofort verwenden (für Kalbfleisch, Rindfleisch oder Wild) oder bedeckt im Kühlschrank bis zur Verwendung aufheben. Für einen ganzen Schinken vervierfacht man die Menge.

Pfirsich- oder Aprikosenglasur

1 Dose Pfirsiche oder Aprikosen mit dem Saft
2 EL Tomatenketchup
3 EL Zitronensaft
2 EL Öl oder zerlassene Butter
½ TL Liquid Smoke
½ TL Salz
¼ TL Zitronenschale, gerieben

Die Früchte werden püriert und mit den anderen Zutaten vermischt. Das Ganze läßt man auf kleiner Flamme zehn bis 15 Minuten brodeln.
Wenn Sie Pfirsiche verwenden, so nehmen Sie eine Prise Allspice dazu, weil dann der Pfirsichgeschmack besser herauskommt. Ideal ist die Glasur zu Lammfleisch. Aber es kann sein, daß Sie sie genauso gerne zu Schwein oder Huhn mögen.

Glasur aus Cranberries

100 g gekochte Cranberries, zerdrückt
50 g Farinzucker
¼ TL Ingwerpulver
¼ TL Zimt, gemahlen

Cranberries sind Verwandte der Preiselbeeren und werden bei uns in den Wintermonaten unter ihrem amerikanischen Namen angeboten.
In einem Topf alle Zutaten erhitzen und verrühren, bis der Zucker geschmolzen ist. Paßt gut zum Glasieren von Schinken oder Schweinefleisch, Geflügel oder Wild.

Spezialglasuren für Schinken

Siehe Kapitel »Schwein«, Beinschinken, Seite 77.

Glasur aus Orangenmarmelade

60 ml Hühnerbouillon (Würfel), heiß
4 EL Orangenmarmelade
3 EL Essig
3 EL Tomatenketchup
4 TL Sojasauce
1 Knoblauchzehe, zerdrückt
1 Prise Pfeffer

Alle Zutaten gut vermischen. Diese Glasur eignet sich vorzüglich zum Bestreichen einer am Spieß gebratenen Ente.

Universal-Barbecue-Sauce

3 cl Öl
3 cl Bourbon Whiskey
2 EL Sojasauce
1 TL Worcestershiresauce
1 TL Knoblauchgranulat
frisch gemahlener Pfeffer nach Geschmack

Die Zutaten werden gut vermischt, über Fleisch oder Fisch gegossen. Im Kühlschrank marinieren: große Bratstücke 24 bis 48 Stunden, Steaks vier Stunden, Fisch durchschnittlich zwei Stunden.
Diese Sauce eignet sich zum Marinieren und Bestreichen: Sie ist eine der geeignetsten, die man beim Barbecue verwenden kann. Sie macht das Fleisch zwar nicht weicher, doch hilft sie, den eigentlichen Geschmack des Fleisches aufs beste zu entwickeln. Ich würde sie für fast jede Fleischart und sogar für Fisch vorschlagen.

Porterhouse-Steak-Sauce

60 ml Olivenöl
3 EL Weinessig
½ EL Knoblauchsalz
1 EL Paprikapulver, edelsüß
1 TL Glutamat

Die Steaks werden eine halbe Stunde vor dem Grillen und ein zweites Mal, unmittelbar bevor sie auf den Rost gelegt werden, mit dieser Sauce bestrichen. Die Menge reicht für vier große Porterhouse-Steaks.

Einfache Sauce zum Bestreichen

4 cl Weinessig
4 cl frischer Zitronensaft
4 cl Öl
½ TL Sojasauce
Salz und Pfeffer nach Geschmack

Alle Zutaten gut vermischen. Die Sauce eignet sich für Kalb- und Lammfleisch, Geflügel und Wild.

Biersauce

65 ml Bier
2 EL Essig
1 EL Worcestershiresauce
50 g Farinzucker
1 EL Zitronensaft
70 ml Chilisauce
2 EL Honig

Alle Zutaten in einem kleinen Topf erhitzen und verrühren, bis der Zukker geschmolzen ist. Diese Sauce paßt zu Rind- und Schweinefleisch und zu Schinken.

Wermutsauce

60 ml Öl
65 ml trockener Wermut
1 TL Salz, ½ TL Pfeffer

Alle Zutaten gut vermischen und im Kühlschrank aufbewahren. Vor der Verwendung nochmals gut verrühren. Wermutsauce paßt gut zu Kalbfleisch und Geflügel.

Pflaumen-Knoblauch-Sauce

400 g Pflaumen, entkernt
2–3 Knoblauchzehen, zerdrückt
Salz und Pfeffer
1 TL Petersilie, gehackt

Die Pflaumen in so viel Wasser kochen, daß sie gerade bedeckt sind. Dann auf ein Sieb geben und den Saft aufbewahren. Die Pflaumen in dem Mixer pürieren und langsam mit dem Saft aufgießen, so daß eine dickliche Creme entsteht. Den Knoblauch dazugeben, mit Salz und Pfeffer abschmecken und zum Kochen bringen. Die Hitze reduzieren und die Mischung fünf Minuten leicht köcheln lassen. Zum Schluß die Petersilie beifügen. Diese Sauce schmeckt sehr gut und eignet sich zum Bestreichen von gegrilltem Huhn und Spießchen aus Lammfleisch.

Spanische Walnuß-Anchovis-Sauce

1 Knoblauchzehe, zerdrückt
3 Anchovisfilets
5 Walnüsse, gemahlen
½ TL Essig
3 cl Olivenöl

Im Mörser Knoblauch, Anchovisfilets, Nüsse und Essig fein zerdrükken und unter ständigem Rühren das Öl – Tropfen für Tropfen – hinzufügen.
Diese Sauce schmeckt zu fertiggegrillten Steaks.

Spezialsauce für das Sirloin-Steak

2 EL Zwiebeln, feingehackt
1 Knoblauchzehe, abgezogen, gepreßt
¼ l guter Rotwein
3 cl Zitronensaft
120 g Butter
1 EL Petersilie, gehackt
Salz und Pfeffer nach Geschmack

Zwiebeln und Knoblauch in Rotwein kochen, bis der Wein zur Hälfte eingekocht ist. Den Knoblauch heraussieben, Zitronensaft, Butter und Petersilie dazugeben und mit Salz und Pfeffer abschmecken.
Diese Sauce kann als Marinade verwendet werden, aber auch zum Bestreichen während des Grillens oder man übergießt damit das fertige, aufgeschnittene Sirloin-Steak.

Spezialsauce für Lamm und Hammel

3 cl Sherry
1 Zitronenscheibe
1 Stengel Petersilie, gehackt
2 EL Olivenöl
1 TL Zwiebel, gerieben
1 TL Salz
½ TL Pfeffer
je 1 Stengel frischer Rosmarin, Oregano, gehackt oder je ½ TL getrocknet

Alle Zutaten gut mischen und einige Stunden ziehen lassen. Die Sauce wird zum Bestreichen während des Grillens verwendet.

Sherrysauce

3 EL Johannisbeergelee
120 g Butter
Saft von 4 Limonen
125 ml Sherry

Butter und Johannisbeergelee zergehen lassen und mit den restlichen Zutaten vermengen. Diese Sauce wird nicht zum Bestreichen verwendet, sondern über das bereits gegrillte Fleisch gegossen. Sie eignet sich besonders gut für Lamm- und Hammelfleisch.

Sandwich-Sauce

1 Knoblauchzehe, gehackt
1 ganze Zwiebel, gehackt
2 EL Öl
2 TL Chilipulver
1 TL Senfpulver
2 Lorbeerblätter
¼ TL Majoran
750 g Tomaten aus der Dose, püriert
3 cl Essig
¼ TL Selleriesalz

Knoblauch und Zwiebel werden in Öl etwa fünf Minuten lang gedämpft. Dann kommen die restlichen Zutaten dazu, und man kocht diese Mischung unter fortwährendem Rühren etwa 40 Minuten lang bzw. bis sie die gewünschte Konsistenz hat. Die Lorbeerblätter werden herausgenommen. Entweder kann man die Sauce sofort verwenden oder sie in dicht schließenden Gläsern aufheben. Erhitzt man sie vor dem Servieren, so

verbinden sich Geschmack von Fleisch und Soße am besten.
Diese Sauce ist nicht zum Bestreichen gedacht, sondern sie wird über bereits gegrilltes Fleisch gegossen, bevor dies auf einem Sandwich gereicht wird.

Eiersauce für Fisch

100 g Butter
2 hartgekochte Eier
Saft einer halben Zitrone
Salz und Pfeffer nach Geschmack
1 EL Petersilie, gehackt

In einem Töpfchen zerläßt man die Butter, gibt die grobgehackten, noch warmen Eier, Zitronensaft, Salz und Pfeffer und die Petersilie hinein und verrührt alles sehr gut. Man gießt die Soße direkt über den Fisch oder reicht sie in einer Sauciere. Ausgezeichnet zu Kabeljau, Seehecht und zu Butt.

Meerrettich-Mandel-Sauce

¼ l süße Sahne, geschlagen
40 g geschälter Meerrettich, gerieben
50 g geschälte Mandeln, gerieben
1 Prise Salz

Die Sahne wird mit Meerrettich und Mandeln vermischt, mit Salz abgeschmeckt. Diese Sauce serviert man sofort. Sie paßt gut zu Fisch und Fleisch.

Sauce Remoulade

200 g Mayonnaise
1 EL Zitronensaft
1 TL Kapern, feingehackt
1 EL frische Kräuter, feingehackt (Petersilie, Schnittlauch)
1 Msp. Sardellenpaste
evtl. 1 kleine Gewürzgurke, feingehackt

Alle Zutaten gut vermischen und etwa zehn Minuten ziehen lassen. Dann sorgfältig abschmecken.
Diese Sauce paßt gut zu gegrilltem Fisch, zu Krustentieren, aber auch zu gegrilltem Gemüse.

Englische Pfefferminzsauce

2 gehäufte EL frische Pfefferminzblättchen, feingehackt
2 EL heißes Wasser
½ EL Farinzucker
etwa 5 EL Wein- oder Malzessig

Geben Sie die Pfefferminze mit Zukker und Wasser in eine Salatschüssel und rühren Sie so lange, bis der Zukker völlig aufgelöst ist. Erst wenn die Mischung abgekühlt ist, gibt man den Essig dazu. Diese Sauce wird sparsam verwendet. Pro Person rechnet man einen Eßlöffel.
Die Pfefferminzsauce läßt sich lange aufbewahren, muß aber vor dem Servieren immer gut durchgeschüttelt werden.
Diese Sauce ist in England ein *Muß* zu gebratenem oder gegrilltem Hammel- oder Lammfleisch.

Hausgemachte Chilisauce

12 reife, mittelgroße Tomaten, geschält, in Achtel geteilt
2 mittelgroße Zwiebeln, sehr fein gehackt
2 grüne Paprikaschoten, sehr fein gehackt
knapp ¼ l Cidre oder Weißweinessig
etwa 100 g Zucker
2 TL Zimt, gemahlen
1 TL Nelken, gemahlen
½ TL Cayennepfeffer, gemahlen

Alle Zutaten in einem Topf langsam kochen lassen, bis die Soße dick ist und die Paprikaschoten ganz weich geworden sind: etwa 45 Minuten. Die Mischung in Einmachgläsern bei etwa 90°C sterilisieren oder in Alu-Schalen einfrieren.
Chilisoße wird in vielen anderen Mixturen fürs Grillen verwendet, aber auch pur zu Würstchen, Fleisch oder Fisch schmeckt sie sehr gut.

Chili-Relish

2 EL Öl
85 g Mais, tiefgekühlt oder aus der Dose
1 Stange Bleichsellerie, gehackt
½ kleine Zwiebel
1 kleine grüne Chilischote, entkernt, fein gehackt
½ grüne Paprikaschote, fein gewürfelt
½ rote Paprikaschote, fein gewürfelt
1 TL Zucker
½ TL Fenchelsamen, zerstoßen
½ EL Senfkörner, zerstoßen
1 TL Speisestärke, nach Belieben
2 EL Wasser

In einem Topf bei niedriger bis mittlerer Temperatur das Öl erhitzen und alle Zutaten vom Mais bis zu den Senfkörnern so lange köcheln lassen, bis die Gemüse weich sind. Anschließend die Speisestärke mit dem Wasser anrühren und dem Relish beifügen. Das Ganze einige Male kräftig aufwallen lassen bis die Masse eindickt, dann abkühlen lassen.
Das Chili-Relish paßt besonders gut zu Steaks aller Art, zu Frikadellen, Hamburgers und Würstchen.
Foto links

Tomaten-Kapern-Sauce

1 kg Tomaten, klein gewürfelt, abgetropft
1–2 EL Olivenöl
1 kleine Zwiebel, gehackt
1 kleine Knoblauchzwiebel, alle Zehen geschält und gehackt
1 Tasse Kapern, abgetropft
eventuell etwas Tomatensaft
Salz, Pfeffer, Zitronensaft

Alle Zutaten von den Tomaten bis zu den Kapern im Mixer pürieren. Je nach Konsistenz Tomatensaft dazugeben. Zuletzt mit Salz, Pfeffer und Zitronensaft abschmecken.

Avocadocreme

1 große Avocado
Saft von ½ Zitrone
Salz, Pfeffer
¼ TL getrockneter Estragon
1 TL Petersilie, gehackt
1 Eigelb
1 EL süße Sahne

Die Frucht schälen, Fruchtfleisch vom Kern lösen und mit einer Gabel fein pürieren. Mit den übrigen Zutaten zu einer festen Creme verrühren. Schmeckt, gut gekühlt, ausgezeichnet zu Steaks oder Lammkoteletts.

Pistaziensauce

150 g Pistazien, abgezogen
4 Knoblauchzehen, zerdrückt
Salz
2 dünne Scheiben altbackenes Weißbrot
Saft einer Zitrone
2 EL Weinessig
8 EL Olivenöl

Pistazien im Mixer fein pürieren oder zweimal durch die Mandelmühle drehen. In eine Schüssel geben, den zerdrückten Knoblauch beifügen. Das Weißbrot entrinden, fünf Minuten in Wasser einweichen, ausdrükken, zerbröckeln und unter die Pistazienmasse mischen. Zitronensaft und Essig darunterrühren und dann tropfenweise das Öl dazugeben, bis eine sämige Soße entsteht. Schmeckt vorzüglich zu gegrilltem Fleisch und Fleischspießchen. *Foto links*

Mango-Relish

1 reife Mango, etwa 300 g
2 TL Öl
½ frische grüne Chilischote, entkernt, gehackt
1 Knoblauchzehe, zerdrückt
1 TL Curry
1 TL Weißweinessig
80 g fettarmer Joghurt

Die Mangofrucht schälen, den Kern entfernen und das Fruchtfleisch grob hacken. Dann das Öl bei niedriger Temperatur erhitzen, Chilischote, Knoblauch und Curry beifügen, kurz verrühren und anschließend die Mango mit dem Essig beifügen. So lange köcheln lassen, bis sich die Mango mit einer Gabel fein zerdrükken läßt. Dann abkühlen lassen. Nach etwa zehn Minuten drei Viertel des Joghurts unter das Relish rühren und das Ganze kalt stellen. Vor dem Servieren mit dem restlichen Joghurt garnieren.
Mango-Relish paßt gut zu Huhn, gegrilltem Fleisch und vor allem zu Lamm. *Foto rechts*

Zitronensauce

80 g Butter
2 EL frischer Zitronensaft
Salz und Pfeffer

Die Butter im Töpfchen bräunen, den Zitronensaft dazugeben und mit Salz und Pfeffer abschmecken. Schmeckt besonders gut zu Fisch, aber auch zu Gemüse.

Grüne Knoblauchsauce

1 EL Öl
4 Schalotten, grobgehackt
4 Knoblauchzehen, grobgehackt
30 g kleine Gewürzgurken, in feine Scheiben geschnitten
20 g Kapern, abgetropft
125–150 ml trockener Weißwein
1 TL Zucker
2 EL Petersilie, gehackt
2 Stengel frischer Estragon, gehackt

In einem Topf bei niedriger bis mittlerer Temperatur das Öl erhitzen. Schalotten und Knoblauch beifügen und dünsten, bis die Schalotten weich sind. Dann Gurken, Kapern, Wein und Zucker daruntermengen und alles einige Male aufwallen lassen. Anschließend das Ganze mit Petersilie und Estragon im Mixer pürieren. Die Sauce kann sowohl warm als auch kalt serviert werden. Sie paßt hervorragend zu Lamm und gegrilltem Fisch. *Foto rechts*

Knoblauchcreme

Etwa 8 Knoblauchzehen
210 ml Wasser
2 TL Gemüsebrühe Instant
etwas Thymian
etwas Salbei
½ Becher fettarmer Joghurt
1 EL Petersilie, gehackt
Salz, Pfeffer
etwas Zitronensaft

Die Knoblauchzehen schälen und mit der Gemüsebrühe, Thymian und Salbei weichkochen. Das dauert etwa 30 Minuten. Dann diese Masse im Mixer pürieren, abkühlen lassen. Zuletzt wird der Joghurt hineingerührt und mit Salz, Pfeffer und Zitronensaft gewürzt.

Barbecue-Sauce

1 EL Öl
1 Zwiebel, gehackt
1 Knoblauchzehe, zerdrückt
1 Stange Bleichsellerie, fein gewürfelt
1 kleine Dose geschälte Tomaten
1 EL brauner Zucker
1 EL Worcestershiresauce
1 TL Paprikapulver, scharf
Pfeffer nach Belieben

Das Öl in einem Topf erhitzen, dann Zwiebeln, Knoblauch und Bleichsellerie beifügen und weichdünsten. Die Tomaten kurz abtropfen lassen, daruntermengen und noch die Hälfte des Tomatensaftes. Die Gewürze beifügen und alles aufwallen lassen. Anschließend alles im Mixer pürieren.
Die Sauce wird sowohl zum Bestreichen des Grillgutes verwendet, als auch zum fertig gegrillten Fleisch gereicht. Sie schmeckt besonders gut bei Hühnerkeulen. *Foto links*

Pesto

3 Knoblauchzehen, geschält
40 g Pinienkene
1 gestr. TL Salz
1 Tasse Basilikum, geschnitten
70 g geriebener Parmesan oder alter Pecorino
Pfeffer
125 ml Olivenöl (oder etwas mehr)
2 Sardellenfilets, feingehackt, nach Belieben

Knoblauchzehen und Pinienkerne in einem nicht zu kleinen Mörser mit Salz bestreuen und zerstoßen, bis die Masse cremig ist. Dann Basilikum, Käse und Pfeffer einarbeiten und anschließend nach und nach das Öl. Wer die Paste besonders pikant will, mischt noch die Sardellenfilets darunter.

Joe Tildens Knoblauchsauce

Butter, schaumig gerührt
Knoblauchzehen, zerdrückt
Salz, Limonensaft

Die schaumig gerührte Butter wird je nach Geschmack mit mehr oder weniger zerdrücktem Knoblauch vermengt, mit Salz und Limonensaft abgeschmeckt.
Diese Sauce schmeckt besonders gut zu Fisch, auf getoastetem Weißbrot oder zu Folienkartoffeln.

Saure Sahnesauce mit rotem Kaviar

½ l frische saure Sahne
50–70 g roter Kaviar (Ketakaviar)
evtl. 1 TL Zitronensaft

Den Kaviar vermischt man vorsichtig mit der sauren Sahne. Die einzelnen Perlen dürfen dabei nicht zerdrückt werden. Eventuell mit Zitronensaft würzen.
Diese extravagante Sauce schmeckt köstlich zu Kartoffeln in der Folie. Sie sollte immer frisch zubereitet serviert werden. *Foto rechts*

Hagebuttensauce

250 g Hagebuttenmark
⅛ l Sahne
8 EL Portwein
3 TL Zucker
Saft von ½ Zitrone
Salz, Cayennepfeffer

Das Hagebuttenmark in eine Schüssel geben und Sahne und Portwein einrühren. Mit Zucker, Zitronensaft, Salz und Pfeffer pikant abschmecken. Zugedeckt zehn Minuten ziehen lassen.
Schmeckt gut zu Rebhuhn, Wildschweinbraten oder zu gegrilltem Hasenrücken anstelle von Preiselbeeren.

Fertige Würzsaucen

Fertige Würzsaucen sollte man immer zu Hause haben. Sie halten sich, gut verschlossen, jahrelang. Man verwendet diese fertigen Saucen als Zutat zu Marinaden und Glasuren, aber man kann auch mit ihrer Hilfe Saucen selbst erfinden. Und auf die speziell von uns erfundene Sauce sollten wir als echter Barbecue-Fan keinesfalls verzichten.

Angostura-Bitters ist eine angenehm bittere, würzige Sauce, die zu vielen Speisen paßt.

Chilisauce, süß und scharf paßt vor allem zum Verfeinern von Salatdressings, zum Bestreichen von Grilladen oder als Beigabe zu einfachen gegrillten Würstchen oder Hamburgers.

Mushroomketchup ist eine Sauce aus Feldchampignons, mit Gewürznelken, Lorbeerblättern und Nelkenpfeffer (Allspice) verfeinert.

Sojasauce ist eine in China und Japan hergestellte, braune Sauce aus Sojabohnen. Sie paßt als Verfeinerung zu vielen Marinaden und Glasuren wie auch zu warmen Saucen. Man sollte jedoch immer eine Prise Zucker mit dazugeben.

Tabascosauce ist eine sehr scharfe, wohlschmeckende Sauce, die, in geringen Mengen verwendet, den Geschmack vieler Speisen und Salatdressings abrundet. Nur sehr vorsichtig beimengen.

Tomatenketchup wird aus reifen Tomaten, Weinessig, Zucker und verschiedenen Gewürzen hergestellt. Die ideale Sauce zu allem Gegrillten, besonders für Kinder.

Walnußketchup besteht aus einem Extrakt von frischen, gestoßenen Walnüssen, vermengt mit Sojasauce, Schalotten und verschiedenen Gewürzen. Paßt vorzüglich zu gegrilltem Fleisch.

Worcestershiresauce schmeckt herzhaft und würzig und wird seit über hundert Jahren in England hergestellt. Eignet sich als Abrundung verschiedener Dressings, Marinaden und Glasuren.

Fertigsaucen zum Verfeinern

Die fertigen Saucen in Beuteln, Würfeln oder Schachteln müssen vor dem Servieren einige Minuten gut durchkochen. Fertigsaucen aus der Dose braucht man nur zu erhitzen.
Diese Saucen sind in wenigen Minuten servierbereit und können durch sorgfältiges Würzen wie »hausgemacht« schmecken. *Hier einige Tips zum Verfeinern:*

Helle Fertigsauce

süße Sahne
Eidotter
Weißwein
Zitronensaft
Kapern, kleingeschnitten
heller französischer Senf

Currysauce

süße Sahne
etwas Sherry
Zitronensaft
geraspelte Kokosnuß
Bananen, kleingeschnitten

Dillsauce

Petersilie oder Dill
süße Sahne
Zitronensaft

Braune Sahnesauce

etwas Rotwein
Weinbrand
Zitronenschale, gerieben
Nelken, gemahlen oder Nelkenpfeffer
Zimt, gemahlen

Dunkle Bratensauce

Rot- oder Weißwein
Sherry
Pilze, in Butter gedämpft

Tomatensauce

süße Sahne
Weißwein
gekochter Schinken, kleingeschnitten
geräucherter Speck, gewürfelt

Klarer Bratensaft

Rotwein, Madeira oder Sherry
einige Tropfen Worcestershire- oder Sojasauce

Alles mit Wurst und Würstchen

Das Grillen mit Wurst und Würstchen ist nicht allzu teuer. Mit guten Beilagen, wie Salat, Knoblauchbrot, Maiskolben, baked beans (in einem Töpfchen am Rand des Rostes erhitzt) und dergleichen, wird Ihnen die Wurstparty immer gelingen. Vor allem Kinder wissen diese einfachen Köstlichkeiten zu schätzen, schon deshalb, weil sie als Köche in das Geschehen mit einbezogen werden können.
Beim Metzger gibt es die verschiedensten Arten von Würstchen und Würsten zu kaufen. Und fast alle können wir auf dem Holzkohlenfeuer, aber auch auf dem einfachen Holzfeuer brutzeln. Einige Ratschläge sollten Sie dennoch beachten:
Erstens: Tauchen Sie die Würstchen, seien es nun Wiener, Schweinswürste, Dicke, Regensburger, Thüringer Bratwürste oder Polnische, vor dem Rösten in Speiseöl. Sie vermeiden so, daß die Würstchen platzen und teilweise in die Glut fallen.
Zweitens: Nie darf man für Würstchen ein Riesenfeuer entzünden. Warten Sie bitte, bis die Holzkohlen schön durchgeglüht sind, und die Würstchen werden gleichmäßig grillen und herrlich schmecken. Die einfachste Wurst wird so zu einem Genuß. Wenn Sie experimentieren wollen, verwenden Sie die verschiedenen Bestreichsaucen oder eine der fertigen Würzsaucen, wie zum Beispiel Chilisauce, oder aber glasieren Sie mit einer der angegebenen Glasuren. Sie werden hingerissen sein!
Drittens: Am besten verwenden Sie bei der Wurstparty keine Teller und kein Besteck. So bleiben Sie den Gästen den ganzen Abend erhalten und müssen sich nicht entfernen, um Geschirr zu spülen. Selbst Pappteller ergeben eine Menge Abfall, und sollten Sie gerade nicht zu Hause im eigenen Garten grillen, bedeutet das: Abfall zusammenräumen, in Plastiktüten verstauen und warten, bis der nächste Abfalleimer in Sicht ist. Stecken Sie daher die gegrillten Würstchen in eine aufgeschnittene Semmel, geben Sie den Gästen das mit einer Papierserviette in die Hand, und jeder wird damit seinen Spaß haben.

Einfache Würstchen

Würstchen verschiedenster Art
Sauce zum Bestreichen
Zwiebeln, gehackt
Paprikaschoten in Stücken
Gurken in Stücken
Tomaten, geviertelt, mit Kräutern bestreut
Sauce zum Dippen

Würstchen werden zu einer Köstlichkeit, wenn man sie während des Grillens mit Sauce bestreicht. Dazu reicht man die genannten frischen Zutaten. Auch eine Sauce zum Dippen schmeckt köstlich dazu.
Hat man die Würstchen mit keiner Sauce oder Glasur während des Grillens bestrichen, serviert man sie mit möglichst vielen frischen Zutaten, gießt darüber einen Schuß scharfe oder süße Chilisauce und ergänzt das Ganze mit Knoblauchbrot (Seite 127), von dem sich jeder Gast nimmt, soviel er möchte. *Foto rechts*

Party-Wurst

1 großer Ring Fleischwurst
Emmentaler in kleinen Streifen
Zwiebelscheiben
Speck in Scheiben
Paprikaschoten in Stücken
Barbecuesauce oder
Knoblauchöl

Der Ring Fleischwurst wird in gleichmäßigen Abständen eingeschnitten, aber so, daß er unten noch zusammenhängt. In die Einschnitte gibt man Emmentaler, halbierte Zwiebelscheiben, durchwachsenen Speck in Scheiben, Paprikaschoten oder ähnliches. Der Phantasie sind da keine Grenzen gesetzt. Entweder bestreicht man die Partywurst mit gewürztem Knoblauchöl, mit einer Barbecuesauce oder einer pikanten Glasur. Dazu schmeckt am besten Kartoffelsalat oder grüner Salat.

Kräuterwürstchen

2 El frische Majoranblätter
2 EL frische Thymianblättchen

Die meisten Würstchensorten, die man in den Geschäften (inzwischen auch tiefgefroren) bekommt, sind nur schwach gewürzt, und es empfiehlt sich, ein bißchen nachzuhelfen. Wir tauchen die Würstchen zuerst in Öl. Dann rollen wir sie in einem Bett von Majoran oder Thymian und lassen sie über dem Feuer in ihrem eigenen Duft schmoren.

Käse-Speck-Wurst

Verschiedene Würstchen
Emmentaler in kleinen Stückchen
oder Chesterkäse
Frühstücksspeck in Scheiben

Zu diesem Rezept können Sie Wiener, Frankfurter oder Dicke verwenden. Die Würstchen werden der Länge nach aufgeschnitten. Dann klemmt man ein nicht zu großes Stück Emmentaler oder Chester hinein, drückt das Würstchen wieder zusammen, wickelt einen Streifen Frühstücksspeck darum und spießt das Ganze mit einem Zahnstocher zusammen. Die Wurst bleibt so lange auf dem Feuer, bis der Käse zerschmolzen ist und aus dem Speckmantel hervorzuquellen beginnt.
Dazu gibt es gemischten Salat und Kartoffeln in der Folie. *Foto links*

Wurstkrebschen vom Rost

Dicke oder Regensburger Würste, auch Rindsbratwürste; sie sollten in jedem Fall dick sein
Sandwichsauce oder Mango-Relish

Diese »Bratwürstchen« sind nicht nur bei Kindern hochbeliebt. Die dicken Würste werden der Länge nach halbiert, rechts und links wechselweise eingeschnitten und auf dem Rost gegrillt. Durch die Hitze verbiegen sie sich und werden sehr knusprig. Sie sehen dann, mit mehr oder weniger Fantasie, wie kleine Krebse aus. Dazu gibt es für Kinder milde Saucen zum Dippen. Natürlich sind für erwachsene Gäste auch Knoblauchsauce oder Chili-Relish hervorragend geeignet.

Sauerkrautwürstchen

500–800 g Sauerkraut
1 Apfel
2 Zwiebeln, gehackt
100 ml trockener Weißwein
Polnische Bratwürste

Zuerst bereitet man das Sauerkraut vor, indem man es mit Apfelstücken, Zwiebeln und einem guten Schuß Weißwein auf dem Herd gart. Noch warm oder erkaltet, füllt man es in die der Länge nach aufgeschnittenen Würstchen, steckt sie mit Hölzchen zusammen und grillt sie, bis sie eine Kruste bekommen.
Diese Krautwürstchen schmecken besonders gut, wenn man sie zwischen zwei Brötchenhälften steckt – natürlich zieht man vorher die Hölzchen heraus!

Gerollte Bratwurst am Spieß

Mehrere 60–70 cm lange Bratwürste, je nach Anzahl der Gäste
Radieschen
Öl
Tomaten, geviertelt
Gurken in dicken Scheiben oder Stücken
Sauce zum Bestreichen und Dippen oder scharfer Senf

Für die gerollte Bratwurst eignen sich alle Bratwurstsorten. Man sollte die langen Würste allerdings beim Metzger vorbestellen und eventuell gleich rollen und auf einen Spieß stecken lassen. Wer will, rollt natürlich selbst. Vor dem Grillen die gerollte Wurst mit Öl bepinseln, dann kurz anbräunen und dann, nach Belieben, mit Sauce bestreichen.
Werden die gerollten Bratwürste nicht bestrichen, gibt es, neben Radieschen, Tomaten, Gurken, Brezeln und Kümmelbrötchen, scharfen Senf dazu. *Foto links*

Gegrilltes Gemüse vom Rost und aus der Folie

Apfelspieße mit Speck

Mehrere Scheiben Frühstücksspeck,
je nach Größe
einige feste Äpfel
1 Becher fettarmer Joghurt
1 EL Dill, gehackt
Salz und Pfeffer

Die Speckscheiben werden in Streifen von 2×8 cm Größe geschnitten. Dann schält man die Äpfel, entfernt das Kernhaus und schneidet sie in Würfel von etwa 2×2 cm Größe. Die Apfelwürfel werden jeweils in einen Speckstreifen gewickelt und auf Spieße gesteckt. Sie werden gegrillt bis der Speck knusprig ist. Dazu schmeckt Kräuterjoghurt, gewürzt mit Salz und Pfeffer. *Foto links*

Auberginen

Olivenöl
½ Knoblauchzehe, zerdrückt
2 mittelgroße Auberginen
Tomatenviertel

Das Olivenöl mit dem Knoblauch verrühren. Die ungeschälten Auberginen in Würfel schneiden und einige Zeit im Knoblauchöl marinieren. Dann mit Tomatenvierteln abwechselnd auf Spießchen stecken und grillen. Mit Salz und Pfeffer aus der Mühle würzen.

Oder:
mehrere Scheiben Frühstücksspeck
2 mittelgroße Auberginen

Den Speck wie bei dem Rezept »Apfelspieße« in Streifen schneiden. Die Auberginen schälen und würfeln. Dann in Speck wickeln, auf Spieße stecken und grillen, bis der Speck knusprig ist. Dazu eine leckere Sauce zum Dippen.

Oder:
2 mittelgroße Auberginen
French Dressing
Grüne Paprikaschoten in Stücken
Frühlingszwiebeln, halbiert

Die Auberginen ungeschält in Würfel schneiden und in French Dressing marinieren. Mit den Paprikastücken und den jungen Zwiebeln abwechselnd auf Spieße stecken, grillen.
Siehe auch Rezept »Zucchini vom Rost«, S. 49.

Kartoffeln

Kleine geschälte Kartoffeln, eventuell aus Dose oder Glas
flüssige Butter
Salz
gehackte Petersilie oder Dill

Die kleinen Kartoffeln (sind sie größer, muß man sie etwas vorkochen) werden in die Butter getaucht und auf Spießen knusprig gegrillt. Anschließend werden sie mit gehackten Kräutern bestreut.

Pilzhütchen

French Dressing
1 TL frischer Dill, gehackt
mittelgroße Köpfe von Champignons oder Egerlingen

French Dressing mit dem Dill verrühren und etwa 15 Minuten ziehen lassen. Dann die geputzten und gesäuberten Pilze in das Dressing tauchen, auf Spieße stecken und leicht bräunen.

Oder:
flüssige Butter
Tomaten in kleinen Stücken
Salz, Pfeffer aus der Mühle

Die Pilzköpfe werden in Butter getaucht, mit Tomatenstücken abwechselnd auf Spieße gesteckt und gegrillt. Wer will, würzt mit Salz und Pfeffer aus der Mühle.

Tomaten

Mittelgroße Tomaten
Oregano
Salz, Pfeffer

Die Tomaten werden auf ihrer Oberseite (gegenüber dem Stielansatz) über Kreuz eingeschnitten und die Hautzipfel etwas auseinandergezogen. Darauf streut man Oregano. Die Tomaten werden so lange auf den Rost gesetzt, bis sie zischen und schrumpfen. Nach Belieben kann man mit Salz und Pfeffer aus der Mühle würzen.

Tomaten auf dem Stein

1 Becher Crème fraîche
1 Becher fettarmer Joghurt
1–2 EL gehacktes Basilikum
1 Knoblauchzehe, geschält, zerdrückt
Salz, Pfeffer
mehrere große Fleischtomaten

Zuerst wird die Sahne zubereitet. Alle Zutaten, außer den Tomaten, werden miteinander vermischt und gut verrührt. Salz und Pfeffer werden nach Belieben verwendet. Die Fleischtomaten werden in etwa 1 cm dicke Scheiben geschnitten und auf dem heißen Stein von beiden Seiten gegrillt. Das geht relativ schnell. Zu den gegrillten Tomatenscheiben gibt es die beschriebene Sauce.

Kartoffeln in der Folie

Mittelgroße Kartoffeln
kühle Butter
Salz
oder:
saure Sahne
oder:
Buttermischungen

Nicht zu kleine Kartoffeln in der Schale werden gut saubergebürstet und in Folie gewickelt. Man legt sie direkt auf die heiße Glut und grillt etwa 45 bis 60 Minuten unter gelegentlichem Wenden. Die Kartoffeln sind gar, wenn sie auf Fingerdruck weich nachgeben. Man schneidet die Kartoffeln entweder kreuzweise ein oder zerreißt sie mit zwei Gabeln und ißt sie mit purer Butter, mit angemachter Kräutersahne, mit saurer Sahne oder einer der herrlichen Buttermischungen. *Foto links*

Zuckermaiskolben

Maiskolben, je nach Anzahl der Gäste
Butter zum Bepinseln
Salz, Pfeffer
Barbecuesauce oder Hagebuttensauce, Seiten 31, 32

Oder:
kühle Butter
Salz

Zuckermaiskolben gibt es frisch, aus der Dose oder tiefgefroren. Sie schmecken süß und knackig.
Die frischen Maiskolben werden von Blättern und Fasern befreit und ringsherum mit Butter bepinselt. Dann legt man sie auf den Rost und läßt sie unter häufigem Wenden goldbraun werden. Mit Salz und Pfeffer bestreut, ißt man sie nach der *Mundharmonikamethode*, das bedeutet, man steckt in jedes Ende spezielle Maisspießchen oder ganz einfach Zahnstocher. Dazu schmecken milde und sehr scharfe Saucen. *Foto links*

Oder:
Die Blätter zurückstreifen, die Seidenfäden entfernen. Dann die Blätter wieder in die ursprüngliche Form bringen und am Ende zusammenbinden. Die so vorbereiteten Kolben über sehr heißer Glut unter ständigem Wenden garen, die Blätter entfernen und mit Salz und Butter servieren.

Oder:
Die Kolben wie oben vorbereiten, in der heißen Glut vergraben und garen lassen. Die Blätter entfernen und mit Butter oder mit einer der folgenden Saucen servieren.

Saucen und Buttermischungen für Maiskolben

Einige Scheiben Frühstücksspeck
½ Tasse saure Sahne

Den Frühstücksspeck in der Pfanne knusprig braten, dann zerkrümeln. Anschließend mit der Sahne vermischen.

Oder:
saure Sahne
Schnittlauch, fein geschnitten oder
Frühlingszwiebeln, fein gehackt

Die saure Sahne mit dem Schnittlauch (oder auch anderen fein gehackten Kräutern) oder mit den jungen Zwiebeln vermischen.

Oder:
etwa 80 g Butter
½–1 TL Chilipulver oder
1 TL Curry oder
1 TL frischer Oregano, fein gehackt
oder ½ TL Dillsamen, gemahlen

Die weiche Butter schaumig rühren und jeweils mit einem der genannten Gewürze vermischen.

Zwiebeln

Kleine bis mittelgroße Zwiebeln, je nach Anzahl der Gäste

Zwiebeln grillt man in ihrer Schale. Sie werden gut naß gemacht und auf den Rost gelegt. Ab und zu rollt oder wendet man sie. Die Zwiebeln sind fertig, wenn die Schale außen schwarz ist. Das Innere ist dann weich bis cremig. Das Grillen dauert, je nach Größe, etwa 50 Minuten.

Kleine Zwiebeln am Spieß

Kleine Zwiebeln
grüne Paprikaschoten in Stücken
kleine Speckwürfel

Die kleinen Zwiebeln werden in der Schale leicht vorgekocht. Dann steckt man sie abwechselnd mit grünen Paprikastücken und Speckwürfeln auf Spieße. Man grillt, bis Zwiebeln und Speck leicht gebräunt sind.

Knoblauchzwiebeln

Mehrere Knoblauchzwiebeln, je nach Anzahl der Gäste
Öl zum Bepinseln

Ähnlich wie die Zwiebeln werden auch die Knoblauchzwiebeln gegrillt, d.h. im Ganzen, nicht in Zehen aufgeteilt und mit ihrer Schale. Die Knoblauchzwiebeln werden gut eingeölt auf den Rost gelegt und ab und zu gewendet. Sie sind innen weich, wenn bei mittlerer Hitze ihre Schale dunkelbraun bis leicht schwarz ist. Die Knoblauchzwiebeln werden dann in Zehen aufgeteilt (Vorsicht, sie sind sehr heiß!). Der Inhalt der Zehen ist weich bis cremig und wird augelöffelt und zum Brot und zu Fleisch oder Gemüsen verzehrt.

Gemischtes vom Rost

Auberginen
Paprikaschoten
Zucchini
Salz
Allspice

Die Gemüse werden in mittelgroße Scheiben, etwa ½ cm dick, geschnitten und flach ausgebreitet. Dann würzt man sie mit Salz und Allspice und läßt sie eine gute halbe Stunde ziehen. Dann werden sie auf dem Rost gegrillt. Wenn sich die Farbe zu verändern beginnt, muß man die Stücke wenden. Dazu gibt es eine beliebige Sauce zum Dippen.

Mariniertes Gemüse in Folie

1 kleine Aubergine in 1 cm dicke Scheiben geschnitten
etwas Salz
2 TL Zitronensaft
kochendes Wasser
150 g kleine Okraschoten
1 kleine Fenchelknolle, in Spalten geschnitten
3 EL frische Maiskörner
1 kleine rote Paprikaschote
1 kleine gelbe Paprikaschote

Marinade:
3 EL Öl
1 Zwiebel, grob gehackt
1 TL Tomatenmark
40 ml milder Sherry-Essig
1 TL Petersilie, gehackt
1 TL frische Thymianblättchen
1 TL frischer Oregano, gehackt
etwas Salz und Pfeffer

Die Auberginenscheiben mit Salz bestreuen und in einem Sieb abtropfen lassen. Nach etwa 20 Minuten unter fließendem Wasser abbrausen und anschließend trockentupfen.
In einen Topf mit kochendem Wasser den Zitronensaft geben und zuerst die Okraschoten, dann den geschnittenen Fenchel einige Sekunden blanchieren. Die beiden Gemüse unter kaltem Wasser abbrausen und abtropfen lassen. In der Zwischenzeit die Paprikaschoten in schmale Streifen schneiden und die Okras, wenn sie abgekühlt sind, halbieren.
Dann die Marinade zubereiten: In einem Topf langsam das Öl erhitzen und die Zwiebel goldbraun werden lassen. Dann das Tomatenmark dazurühren und das Ganze abkühlen lassen. Anschließend alle übrigen Zutaten der Marinade beifügen und die Gemüse, die blanchierten und unblanchierten, in einer Schüssel damit übergießen. Zugedeckt mindestens eine Stunde, am besten über Nacht im Kühlschrank marinieren.
Zum Grillen mehrere Stücke Alufolie für die Päckchen zuschneiden, und darauf die marinierten Gemüse verteilen. Die Folie von allen Seiten über dem Gemüse schließen und die Päckchen bei mittlerer Hitze auf dem Rost etwa 20 bis 30 Minuten grillen.
Foto rechts

Mariniertes Gemüse vom Rost

Paprikaschoten
mittelgroße Tomaten, über Kreuz eingeschnitten
weiße Gemüsezwiebeln, blanchiert, in Scheiben geschnitten
rote Zwiebeln, blanchiert, in Scheiben geschnitten
Fenchelknollen, blanchiert, in Scheiben geschnitten
einige kleine Zuckermaiskolben, blanchiert
Cocktailtomaten

Marinade:
200 ml Olivenöl, 80 ml Weinessig
2 EL frische Thymianblättchen
2 EL frischer Oregano, gehackt
Worcestershiresauce, Salz, Pfeffer

Für die Marinade alle angegebenen Zutaten vermischen und kurz ziehen lassen. Dann die Gemüse auf einem großen Kuchenblech (oder Alufolie) ausbreiten und mit der Marinade bestreichen. Nach 30 Minuten wenden und die andere Seite bestreichen. Nach weiteren 30 Minuten kann bei mittlerer Hitze mit dem Grillen begonnen werden. Zuerst legt man die Gemüse auf den Rost, die am längsten brauchen, bis sie gar sind. Die ersten sind die Paprikaschoten, dann folgen nach wenigen Minuten die mittelgroßen Tomaten, dann die Gemüsescheiben und zuletzt die Cocktailtomaten. Ständig wenden und mit der Marinade beträufeln. Dazu gibt es Stangenbrot und Saucen zum Dippen. *Foto rechts*

Zucchinischeiben vom Rost

⅛ l Olivenöl
1 TL frische Thymianblättchen
1 TL frischer Oregano, fein gehackt
einige Tropfen Zwiebel- oder Knoblauchsaft
einige Tropfen Worcestershiresauce
Pfeffer, Salz
einige mittelgroße Zucchini (oder Auberginen)

Das Olivenöl mit Kräutern, Zwiebelsaft und Worcestersauce verrühren und mit etwas Pfeffer und Salz abschmecken. Etwa 15 Minuten ziehen lassen. Dann die Zucchini oder Auberginen der Länge nach in Scheiben von etwa 1 cm Dicke schneiden, dünn mit dem gewürzten Öl bestreichen und auf den Rost legen. Bis die Gemüsescheiben gar sind, mehrmals wenden und immer wieder reichlich mit dem Öl beträufeln.

Gemüsespieße mit Schafskäse

1 mittelgroße Aubergine, gewürfelt
etwas Salz
4 kleine Kartoffeln, geschält, gewürfelt
2 kleine Zwiebeln, geschält, geviertelt
1 mittelgroße Gurke, gewürfelt oder in dicken Scheiben
1 rote Paprikaschote, in Stücken
1 grüne Paprikaschote, in Stücken
etwa 200 g Schafskäse, gewürfelt
Olivenöl

Zuerst die Auberginenwürfel mit Salz bestreuen und in einem Sieb etwa 20 Minuten ziehen und abtropfen lassen. Dann unter kaltem Wasser abbrausen und trockentupfen. In der Zwischenzeit die Kartoffeln und Zwiebeln in kaltem Wasser aufsetzen, aufkochen und dann etwa 10 Minuten köcheln lassen. Dann die Auberginenwürfel beifügen, anschließend die Gurke und die Paprikastücke. Nach einigen Minuten die Gemüse abgießen und abtropfen lassen. Wenn alles erkaltet ist, alle Gemüsezutaten, auch den Käse mit Öl bepinseln, ebenso die Metallspieße. Abwechselnd Gemüse und Käse auf die Spieße stecken und bei starker Hitze grillen bis alles gar und gebräunt ist. Dazu gibt es Stangenbrot, Saucen zum Dippen und griechischen Wein. *Foto rechts*

Karotten

Junge Karotten
weiche Butter
1 TL frische Thymianblättchen
oder ½ TL getrockneter Thymian
etwas Salz, 2 EL Wasser

Die zarten Karotten werden gut abgebürstet und trockengetupft. Dann mit Butter eingerieben, auf dicke Alufolie gelegt, mit Thymian und Salz bestreut und mit Wasser beträufelt. Die Alufolie wird wie bei einem Päckchen darübergeschlagen. Diese Päckchen werden auf die heißen Kohlen gelegt und ab und zu gewendet. Die Karotten sind in etwa einer Stunde gar.

Zucchini

Kleine Zucchini
French Dressing

Nach Belieben:
Zwiebelscheiben
Paprikaschoten in Stücken
Tomaten in Stücken

Die Zucchini in Scheiben schneiden, in French Dressing marinieren und auf Spießchen weich grillen. Wer will, kann aber auch die Zucchinischeiben auf Spießchen mit Zwiebeln, Paprika und Tomaten kombinieren. Natürlich kann man aus dieser marinierten Mischung auch kleine Päckchen in Alufolie machen und diese Päckchen, wie bei Karotten, auf die Kohlen legen und garen.

Gefüllte Tomaten

Mittelgroße Tomaten, je nach Anzahl der Gäste
Chester, Gouda oder Emmentaler, klein gewürfelt
einige Knoblauchzehen, geschält, grob gehackt
Pfeffer, Salz nach Belieben

Von den Tomaten einen kleinen Deckel abschneiden. Die Früchte etwas aushöhlen und mit Käsewürfeln und etwas Knoblauch füllen. Aus der Mühle frischen Pfeffer darübergeben, den Deckel aufsetzen und das Ganze in Alufolie wickeln. Auf die Kohlen legen und etwa 10 Minuten grillen.

Gefüllte Paprikaschoten

2 Eier
1 Zwiebel, gehackt
150 g mittelalter Gouda, gerieben
100 g Sonnenblumenkerne oder Hasel- oder Walnüsse, gehackt
etwas Öl
6 kleinere Paprikaschoten

Die Eier mit Zwiebel, Käse, Nüssen und Öl gut vermischen. Die Masse sollte dicklich sein. Sind die Eier sehr groß, kann man noch Käse oder Nüsse zusätzlich beifügen, damit die Füllung nicht zu dünn wird. Mit Pfeffer abschmecken.
Von den Paprikaschoten einen Deckel abschneiden, Rippen und Kerne sorgfältig entfernen und die Schoten jeweils auf ein Stück Alufolie stellen. Dann die Käse-Nuß-Mischung einfüllen, Deckel aufsetzen und die Folie über die Schoten schlagen. Die Paprikapäckchen vorsichtig auf die Kohlen oder auf den Rost legen. Bis die Schoten samt Füllung gar sind, dauert es auf den Kohlen etwa 15 Minuten, auf dem Rost dauert es etwas länger.

Gefüllte Bananen

Mehrere Bananen, je nach Anzahl der Gäste
Käsescheibletten, Chester, Gouda oder Camembert in dicken Scheiben
Pfeffer
etwas grobes Salz, nach Belieben

Die Bananen schälen, der Länge nach halbieren und die eine Hälfte mit einer dicken Scheibe Käse belegen. Nicht zu wenig Pfeffer darüberstreuen. Ist die Käsesorte sehr mild, kann auch etwas Salz noch darübergestreut werden. Dann die andere Hälfte der Banane darauflegen, das Ganze in Alufolie wickeln und etwa 15 Minuten bei mittlerer Hitze auf dem Rost grillen. Wenn die Bananen weich und der Käste zerlaufen ist, duften die Päckchen süßlich nach Bananen.

Vom Rind

Die Bewohner nördlicher Gegenden unseres Vaterlandes muß man gar nicht an *Herrn Pastor sin Kauh* erinnern – sie kennen das schöne Lied alle. Aber auch der Süden hat wenigstens oberflächlich von diesem wilden plattdeutschen Gesang aufs Rindvieh Kenntnis genommen. Warum? Weil man auch im Schatten der Zugspitze Köstliches vom Rindvieh zu schätzen weiß! Und das Lied von der Pastorskauh ist einfach ein lückenloses Register für alles, was uns Menschen das Rind zu geben weiß. Bis zum *Steert*, dem Schwanz, als Glokkenstrang!
Ob sie nun im Freien mit dem Holzkohlengrill (oder mit sonstigen Grillgeräten, z.B. mit Motor oder mit dem heißen Stein) arbeiten oder in der Küche mit dem Infragrill, denken Sie immer daran: Ein Ochse wiegt fast so viel wie Ihr Auto! Und entsprechend kann er sich tausendfach in der Küche verwandeln. Falls es Ihnen Spaß macht, dieses oder jenes darüber auszuprobieren, so seien Sie versichert: Niemand nimmt es Ihnen übel, wenn sie selbstschöpferisch auf den angedeuteten Pfaden weiterwandeln und experimentieren.

Steaks

Das Grillen von Steaks ist bei den Amerikanern geradezu eine Leidenschaft, und es gibt unendlich viele Meinungen darüber, wie ein Steak richtig zuzubereiten ist. Soll man es rasch bei großer Hitze garen, soll man es einfach auf die Glut werfen, oder soll man es auf kleinem Feuer langsam zubereiten, wobei man es mit einer Barbecue-Sauce bepinselt? Das alles sind Fragen, die letzten Endes jeder für sich selbst entscheiden muß.
Das zweite Problem ist, in welchem *Zustand* man das Steak *servieren* soll. Es gibt vier Möglichkeiten:

Blue oder rare

Das Fleisch muß an der Oberfläche braun, innen aber beinahe roh sein.

Saignant oder medium rare

Das Fleisch muß außen gut gebräunt, innen aber noch fleischrot sein.

A point oder medium

Das Fleisch muß außen gut gebräunt, im Inneren von zartem Rosa sein.

Cuit oder well done

Das Fleisch ist außen braun und wird durchgebraten, bis die zartrosa Fleischfarbe verlorengeht.
Anfänger prüfen den Zustand des Fleisches am besten mit dem Finger. Gibt es auf Fingerdruck nach wie Gummi, ist das Steak innen noch blutig. Fühlt es sich elastisch an, ist es innen rosig. Ein völlig durchgebratenes Steak dagegen reagiert auf Fingerdruck gar nicht mehr.
Ferner unterscheiden wir drei *Zubereitungsarten.* Einige Steakfanatiker schwärmen für *natur*: Das Steak wird nur mit Salz und Pfeffer aus der Pfeffermühle gewürzt und allenfalls mit einer Buttermischung garniert. Die zweite Gruppe schwärmt fürs Einstreichen mit Olivenöl und Würzen mit Pfeffer, Knoblauch und Salz. Und die Raffinierten legen das Fleisch vorher in Marinaden ein oder behandeln es während des Grillens mit Saucen.
Wichtig ist: Das Steak muß schön dick sein. Nie sticht man es mit einer Gabel an, sondern wendet es stets mit einer Zange, damit nichts von dem köstlichen Saft verlorengeht.
Dekorativer Tip: Drehen Sie das Steak nach einiger Zeit auf dem Grill um genau 90 Grad, so daß der Rost ein Gittermuster in die Oberfläche brennt.
Und nun hoffe ich, daß Sie den besten Metzger der Welt haben, einen echten Freund und eine Leuchte in seinem Beruf. Denn nur er wird Ihnen gut abgehangenes Fleisch verkaufen. Und nur er wird nie versuchen, Ihnen ein *sogenanntes* Filetsteak aus der Rindsschulter herauszuschneiden.

Filetsteak

Das Filet ist das feinste und teuerste Fleisch vom Rind. Filetsteaks sollten möglichst von der *dicken* Seite des Filets geschnitten werden, etwa 3 cm hoch sein und 200 bis 250 g wiegen.
Marinade für Steaks Seite 22.

Rumpsteak

Das Rumpsteak wird aus einem Teil des Rinderrückens geschnitten. Das Fleisch muß gut abgehangen sein, wird fast immer im ganzen gebraten und sollte innen noch beinahe blutig sein.
Marinade für Rumpsteaks Seite 23.

Entrecôte

So nennt man doppelt dicke Scheiben Rumpsteak. Es wird mit Fettrand gebraten oder gegrillt. Wichtig ist, daß dieser Fettrand vor dem Grillen im Abstand von etwa 1 cm eingeschnitten wird, da das Fleisch sich sonst krümmt.

Entrecôte Double

Wird ebenfalls mit dem Fettrand gegrillt. Am besten schmeckt dazu eine delikate Buttermischung, Seiten 128, 129.

Entrecôte de Paris

Eine doppelt schwere Rumpsteakscheibe, die – mit eingeschnittenem Fettrand – ganz kurz *saignant* gebraten wird. Am besten schmeckt es mit Knoblauchbutter Seite 129.

Chateaubriand

Ein doppeltes Filetsteak, aus der Mitte des Filets geschnitten. Ein ganzes Chateaubriand sollte etwa 450 g wiegen. Im Restaurant wird es immer für zwei Personen berechnet und erst bei Tisch schräg aufgeschnitten. Chateaubriand sollte niemals *durch* sein, sondern innen noch leicht rosa.

Porterhouse-Steak

Ein etwa 4 cm hohes Stück Roastbeef mit Knochen und dem noch daranhängenden Filet. Es wiegt zwischen 700 und 1000 g. Porterhouse-Steak wird nach dem Grillen wie das Chateaubriand in schräge Scheiben geschnitten.

Sirloin-Steak

Ein kleines Porterhouse-Steak, dem das Filetstück fehlt und das aus dem Rinderrücken zum Schwanz hin geschnitten wird. Es ist meist 4 bis 6 cm hoch. Je nach Qualität und Größe muß mit einer Grillzeit von 30 bis 45 Minuten gerechnet werden.
Spezialsauce für Sirloin-Steak Seite 25.

T-Bone-Steak

Ein kleines Porterhouse-Steak, das wegen des T-förmigen Knochens so genannt wird.

Tournedos

Sie werden vom Ende, das heißt vom schmalen Teil des Filets geschnitten. In Restaurants bekommt man Tournedos auch unter der Bezeichnung Lendenschnitte oder Medaillons angeboten.

Minutensteaks

Das sind sehr dünne Steaks, die zwar trotz ihres Namens nicht wirklich in einer Minute fertig sind, aber doch in sehr kurzer Zeit. Will man sie zum Grillen verwenden, sollten sie vorher kühl aufbewahrt worden sein. Sie brauchen über gutem Feuer auf jeder Seite etwa 2 Minuten.

Vom Holzkohlengrill

Teriyaki-Steak

3 cl Sojasauce
3 EL Honig
2 EL Essig
1½ TL Knoblauchgranulat
1½ TL Ingwer, gemahlen
90 ml Öl
1 junge Zwiebel, feingehackt
1 großes Steak, etwa 700 g

Man mischt Sojasauce, Honig und Essig und rührt dann das Knoblauchgranulat und den Ingwer hinein. Dann gibt man das Öl und die gehackte Zwiebel dazu. Das Fleisch legt man in einen kleinen Topf und gießt die Marinade darüber. Es muß mindestens vier Stunden darin ziehen. Wenn man das Steak *medium* haben will, wird es von jeder Seite fünf Minuten gegrillt. Gelegentlich bestreicht man es mit dem Rest der Marinade. Vor dem Servieren zerschneiden wir das Riesensteak diagonal in vier gleiche Teile.

Steak Marchand de vin

2 EL Schalotten, gehackt
⅛ l trockener Rotwein
110 g Butter
1 TL Petersilie, gehackt
3 EL dicke Bouillon
einige Tropfen Zitronensaft
Salz und Pfeffer
Rindermark von 4 kleineren Knochen
4 Porterhouse-Steaks, fast 4 cm dick

Die Schalotten und der Rotwein werden in einen großen Topf gegeben und so lange gekocht, bis sich die Flüssigkeit auf die Hälfte reduziert hat. Den Rest läßt man kalt werden und rührt ihn zusammen mit der Petersilie, der Bouillon, dem Zitronensaft und Salz und Pfeffer in die Butter. Das Mark eine Minute in Salzwasser kochen und in Scheiben schneiden. Jetzt werden die Steaks wie üblich gegrillt. Erst auf dem Teller kommen die Markscheibchen darauf, und zum Schluß wird alles mit der Sauce übergossen.
Diese Sauce schmeckt ebenso zu gegrilltem Lamm- oder Hammelkotelett, zu Leber oder zu gegrillten Pilzen.

Filetsteaks mit Knoblauchöl

4 Filetsteaks, 2½ cm dick
2 Knoblauchzehen, geschält
120 ml Olivenöl
Salz und Pfeffer nach Geschmack

Die Knoblauchzehen ins Öl legen und über Nacht stehenlassen. Dann das Öl in ein flaches Gefäß gießen, den Knoblauch herausnehmen und die Steaks mit beiden Seiten in das Öl tauchen. Man legt sie dann auf den Grill, und erst, wenn sie fast fertig sind, wird mit Salz und Pfeffer gewürzt.

Steak-Sandwiches

4 Minutensteaks
Schnittlauch, feingehackt
Butter, zerlassen
4 Brötchen

Den Schnittlauch mit der zerlassenen Butter vermischen und die Steaks auf dem Grill fortwährend damit bepinseln. Kurz bevor sie fertig sind, toastet man auch die Brötchenhälften auf dem Grill, buttert sie und serviert die Steaks zwischen den Brötchenhälften.

Flambierte Pfeffersteaks

4 Steaks
1 EL schwarze Pfefferkörner, gehäuft
Salz, Cognac

Die Pfefferkörner grob mit einem Nudelholz zerquetschen und die Steaks damit einreiben. Manche Köche empfehlen, das Fleisch an der Oberfläche etwas einzuschneiden und den Pfeffer in diese Einschnitte hineinzureiben, weil er dann besser eindringt. Die so vorbereiteten Steaks läßt man eine halbe Stunde ziehen. Dann werden sie gegrillt, gesalzen und zum Schluß flambiert. Mit einem vorgewärmten Löffel gießt man den Cognac über die Steaks und entzündet ihn.

Lebensgeister-Steak

4 mitteldicke Filetsteaks
Olivenöl
Salz
Zwiebelsalz
Knoblauchsalz
frisch gemahlener Pfeffer
Lorbeerblätter

Man reibt das Fleisch auf beiden Seiten mit Olivenöl ein, bestreut es gleichmäßig mit den Gewürzen und legt es auf den Grill. Ganz kurz vor dem Herunternehmen verbrennt man erst unter der einen Seite, dann unter der anderen schnell ein Büschel Lorbeerblätter.

Rumpsteak-Papaya-Spieße

700 g Rumpsteak
2 reife Papayas
1 rote Paprikaschote
1 grüne Paprikaschote
Honig-Nelken-Glasur, Seite 23

Das Rumpsteak in etwa 2 cm große Würfel schneiden. Die Papayas schälen, entkernen und eine davon ebenfalls in 2 cm große Würfel schneiden, die andere im Mixer pürieren. In einer Schüssel die Fleischwürfel mit dem Fruchtpüree bedecken und zugedeckt zwei bis drei Stunden marinieren. Dann die Honig-Nelken-Glasur zubereiten. Anschließend die Paprikaschoten entkernen und in etwa 2 cm große Quadrate schneiden.
Nach dem Marinieren die Fleischwürfel abwechselnd mit Papaya- und Paprikastückchen auf Spieße stecken und von jeder Seite zwei Minuten grillen. Dann mit der Glasur bestreichen, eine Minute grillen, wenden und wieder bestreichen; von allen Seiten jeweils wieder eine Minute grillen und wieder mit der Glasur bestreichen. Die fertigen Spieße werden mit der restlichen Glasur überzogen und dann serviert.
Bei der Glasur kann man anstelle der Nelken auch einen viertel Teelöffel gemahlenen Ingwer verwenden.

Bulgarische Spießchen

3 EL Joghurt
1 EL Schalotten, gerieben
Pfeffer und Salz
nach Geschmack
4 dicke Scheiben Filet

Das Joghurt cremig schlagen, mit der Zwiebel vermischen und mit Pfeffer abschmecken. Das Fleisch in mundgerechte Würfel schneiden und für ein bis zwei Tage in dieser Mischung ziehen lassen. Auf Spießchen stecken und über heißer Glut etwa 15 Minuten unter ständigem Wenden grillen. Mit Salz würzen.

Gegrilltes Roastbeef mit Mango-Relish

800 g Roastbeef im Stück
2 TL frischer Ingwer, geschält, gerieben
¼ TL Cayennepfeffer
½ TL Salz
Mango-Relish, Seite 29

Das Fleisch von allen Seiten gut mit Ingwer und sparsam mit Cayennepfeffer einreiben. Eine halbe Stunde ruhen lassen. Dann auf den Rost legen und auf einer Seite etwa acht Minuten grillen. Wenden und die gegrillte Seite leicht mit Salz bestreuen. Die andere Seite ebenfalls acht Minuten grillen, salzen. Das Roastbeef ist innen rosa bis leicht rot. Wer es etwas mehr durchgebraten will, gibt bei jeder Seite noch ein bis eineinhalb Minuten Grillzeit zu. Nach dem Grillen fünf bis zehn Minuten ruhen lassen, damit sich der Saft verteilt. Dann in Scheiben schneiden. Dazu gibt es Stangenbrot und Mango-Relish.

Würzige Rindfleischspieße

800 g Rindfleisch
Universal-Barbecue-Sauce, Seite 24
etwas Salz, nach Belieben

Zuerst wird die Sauce zubereitet. Sie wird sowohl zum Marinieren als auch zum Bestreichen verwendet.
Dann schneidet man das Rindfleisch in etwa 2 cm große Würfel, gibt es in eine große Schüssel und übergießt es mit der Sauce. Zugedeckt über Nacht im Kühlschrank marinieren. Dann die Fleischwürfel auf Spieße stecken und über mittlerer Hitze von allen Seiten grillen. Dabei häufig wenden und immer wieder mit der Sauce bestreichen. Wenn man will, kann man die Spieße, kurz bevor sie fertig sind, mit wenig Salz bestreuen. Dazu gibt es Saucen zum Dippen und Stangenbrot.

Kebab-Spieße aus Rindfleisch

1 kg Rindfleisch (Filet)
1 Zwiebel, grob gehackt
4 EL grüne Stachelbeeren
1 TL schwarzer Pfeffer
¾ TL Ingwer, gemahlen
2 EL Pistazien, geschält und gemahlen
1 TL Zimt, gemahlen
3 Nelken, Salz
2 Becher Joghurt
2 EL Mehl
125 g Butter

Das Fleisch in Würfel schneiden. Die Zwiebel, die Stachelbeeren, den Pfeffer und den Ingwer im Mixer vermischen und mit dieser Paste das Fleisch gut einreiben.
Dann die Fleischwürfel auf Spießchen stecken und über dem Holzkohlenfeuer knusprig werden lassen.
Pistazien, Zimt, Nelken, Salz und Joghurt mit dem Mehl vermischen, in Butter erhitzen und damit das Fleisch während des Grillens bestreichen.
Foto links

Rindsfiletspießchen mit Ananas

4 dicke Scheiben Rindsfilet, in Würfel geschnitten
300 g Ananaswürfel, aus der Dose
40 ml Sojasauce
1 TL Ingwer, gemahlen
1 TL Zucker
½ TL Knoblauchsalz

Den Ananassaft aus der Dose in eine Schüssel gießen und mit Sojasauce, Ingwer, Zucker und Knoblauchsalz vermischen. Die Fleischwürfel in eine niedrige, flache Schüssel legen, die Mischung darübergießen und etwa eine Stunde, unter mehrmaligem Wenden, ziehen lassen. Dann das Fleisch gut abtropfen lassen und abwechselnd mit den Ananasstückchen auf Spieße stecken. Unter ständigem Wenden über Holzkohlenglut oder im Grill bräunen. *Foto links*

Teriyaki-Spieße aus Hawaii

65 ml Sojasauce
60 ml Öl
2 TL Zucker
65 ml frischer Mandarinensaft
1 TL frischer Ingwer, gerieben
1 Knoblauchzehe, zerdrückt
4 dicke Scheiben Filet

Das Fleisch in dünne Streifen schneiden. Die übrigen Zutaten gut vermischen und das Fleisch eine Stunde darin ziehen lassen. Die Fleischstreifen spiralenförmig auf Spießchen reihen und über ziemlich heißer Glut auf jeder Seite 30 Sekunden grillen. Spießt man die Streifen als Röllchen auf, grillt man sie über mittlerer Hitze mehrere Minuten. Dazu schmecken in Folie gegarte Zucchinischeiben und Stangensellerie. *Foto rechts*

Hackfleisch vom Rind

Die folgenden Rezepte werden mit Hackfleisch vom Rind zubereitet. Es sollte am Einkaufstag verwendet werden, da es sehr schnell verdirbt.

Burgunderfladen

340 g Hackfleisch vom Rind
2 EL Petersilie, gehackt
2 EL junge Zwiebeln, gehackt
¾ TL Salz
frisch gemahlener Pfeffer nach Geschmack
145 ml trockener Rotwein
Roquefort- oder Danish-Blue-Käse

Man vermischt das Fleisch mit Petersilie und Zwiebel und schmeckt gut mit Salz und Pfeffer ab. Daraus werden zwei Fladen geformt, in die man eine Vertiefung drückt. Man legt sie in eine flache Pfanne und gießt den Wein in die Vertiefungen. Das Ganze stellt man zwei Stunden oder länger in den Kühlschrank. Die Fladen werden über mittelheißer Glut acht bis zehn Minuten gegrillt. Kurz vor dem Servieren legt man auf jeden Fladen ein Stückchen Käse, der von der Hitze leicht schmelzen soll. Dazu gibt es kaltes Ratatouille. *Foto rechts*

Hackbällchen mit Fünfgewürz

600 g Hackfleisch vom Rind
1 große Zwiebel, feingehackt
3 EL Petersilie, grob gehackt
1 TL Salz
1 gestrichener TL Fünfgewürz (oder Chinagewürz)
Öl zum Besteichen

Das Hackfleisch wird sehr sorgfältig mit der Zwiebel, Petersilie, Salz und Fünfgewürz vermischt. Dann formt man kleine Bällchen und steckt etwa drei oder vier, je nach Größe, auf einen Spieß. Die Bällchen mit der Hand oder mit einem Löffelrücken etwas flachdrücken, dann mit reichlich Öl bestreichen und auf dem Rost über mittlerer Hitze grillen. Zwischendurch die Spieße wenden. Dazu gibt es verschiedene Saucen, dunkle Brötchen, Gurken und Tomaten in Stükken. Ist Fünfgewürzpulver nicht erhältlich, stellt man es selbst her: Zu gleichen Teilen mischt man gemahlenen Sezuanpfeffer, Nelken, Fenchelsamen, Sternanis und Zimt.

Amerikanische Hamburgers

Hamburger sind auch bei uns inzwischen weitverbreitet und ein Lieblingsgericht fast aller Kinder. Eigentlich sind sie nichts anderes als Frikadellen bzw. Fleischpflanzl. Doch werden sie nur aus Rinderhackfleisch zubereitet, das auf diese oder jene Art verfeinert wird. Fertig geformte Hamburgers werden bei uns jetzt auch tiefgefroren angeboten. Stilecht serviert man sie so: ein rundes Milchbrötchen aufschneiden, auf die Unterseite ein gewaschenes, trockengetupftes Salatblatt legen, darauf den flachgedrückten und gegrillten Hamburger, Tomatenketchup und einige rohe Zwiebelringe obendrauf, Brötchen zuklappen. Sehr gut schmecken dazu aber auch Mohn-, Sesam-, Kümmel- und Vollkornbrötchen.
Foto rechts
Im Fachhandel gibt es eine *Burger-Presse* für alle diejenigen, die Hamburger oder Cheeseburger gleichmäßig groß und gleichmäßig rund profigemäß herstellen wollen. Man füllt die Fleischmischung in eine Presse, setzt den Deckel auf und drückt die Presse kräftig herunter. Heraus kommt eine absolut runde Sache.

Milch-Hamburger

(für 6 Personen)
900 g Hackfleisch vom Rind
1 Ei
60 ml Milch
1 Zwiebel, gehackt
1 Prise Majoran
1 Prise Muskatblüte
Salz und frisch gemahlener Pfeffer

Sauce:
3 Teile Olivenöl
1 Teil Rotwein
1 Spur Thymian
1 Spur Knoblauch
1 Prise Zucker
1 Prise Majoran, getrocknet
1 Prise Rosmarin

Man mischt zuerst das Fleisch mit dem Ei, gibt dann die Milch, die Zwiebel und die Gewürze dazu, knetet alles gut durch und formt acht flache Hamburger. Dann bereitet man eine Sauce aus den angegebenen Zutaten, indem man sie gut miteinander vermischt. Während des Grillens bepinselt man die Hamburgers damit.

Hamburger gefüllt

(für 6 Portionen)
6 Scheiben Frühstücksspeck
750 g Hackfleisch vom Rind
1½ TL Salz
1 Msp. Pfeffer
6 EL Nüsse, gehackt
3 EL Petersilie, gehackt
2 EL Zwiebel, geraspelt

Den Speck in einer Pfanne knusprig braten und auf Küchenkrepp abtropfen lassen. Das Fleisch mit Salz, Pfeffer gut vermischen, dann in 12 gleiche Teile teilen und zwischen Klarsichtfolie mit dem Nudelholz zu sehr dünnen Fladen rollen. Die letzten drei Zutaten mischen und auf sechs der Fladen verteilen. Auf jeden eine Scheibe Speck geben. Dann mit den restlichen sechs Fladen bedecken und am Rand zusammendrücken. Grillen, dabei einmal wenden.

Hamburger Hawaii

500 g Hackfleisch vom Rind
1 mittelgroße Zwiebel, gerieben
1 Knoblauchzehe, gerieben
70 ml Sojasauce
¼ TL Ingwer, gemahlen
8 Ananasscheiben aus der Dose mit Saft

Das Fleisch mit der Zwiebel gut vermischen. Acht flache Hamburgers formen und in ein flaches Gefäß legen. Dann Knoblauch, Sojasauce, Ingwer und etwas Ananassaft vermischen und über die Fleischfladen gießen. Nun 30 Minuten ziehen lassen, dabei einmal wenden. Die Hamburgers auf Küchenkrepp abtropfen lassen, grillen und mit je einer Ananasscheibe servieren.

Hacksteak

(für 8–12 Personen)
1 runder Laib Weißbrot, ca. 1 kg
110 g weiche Butter
½ TL Senf, ½ TL Chilipulver
1350 g Hackfleisch vom Rind
2 TL Salz
2 Zwiebeln, feingehackt
2 EL Chilisauce
1 EL Soja- oder Worcestershiresauce
halbe Gurken- und Tomatenscheibchen

Man schneidet das Brot horizontal in zwei Hälften, vermischt Butter, Senf und Chilipulver und bestreicht damit die Schnittflächen. Das Gehackte vermischt man mit Salz, Zwiebeln, der Chili- und der Sojasauce. Dann formt man zwei Fladen, die etwas größer sein können als das Brot, weil sie beim Grillen schrumpfen. Das Brot legt man mit der Rinde nach unten auf die am wenigsten heiße Stelle am Grill und läßt es langsam heiß werden. Die Fleischfladen werden auf dem Rost auf einer Seite gebräunt, gewendet, und jetzt legt man das Brot mit der gebutterten Schnittfläche auf den Fladen. Die ungebräunte Fladenseite wird nun so lange gegrillt, bis das Fleisch gar ist. Zum Servieren stürzt man das Ganze, damit zuletzt das Brot unten ist und der Fleischfladen oben. Man garniert mit den Gurken- und Tomatenscheiben so, daß sich zehn bis zwölf Portionen daraus schneiden lassen.
Natürlich kann man auch, aus einem ovalen Laib dicke Scheiben schneiden und mit kleineren Fladen belegen. *Foto rechts.*

Grilladen aus der Küche

Chateaubriand mit Sauce Béarnaise

(für 2 Personen)
1 Chateaubriand, etwa 450 g

Dieses doppelte Filetsteak reicht mindestens für zwei Personen. Es wird bei großer Hitze angebraten, damit die Poren sich schließen und der Saft innen erhalten bleibt. Dann muß man die Hitze jedoch reduzieren, sonst wird es außen krustig und hart. Sowie sich auf der Oberseite Safttropfen zeigen, ist es Zeit zum Wenden. Kommen dann auch auf der anderen Seite Safttropfen, so ist das Chateaubriand gar. Es wird erst bei Tisch *schräg* aufgeschnitten und sollte innen immer leicht rosa sein! Dazu schmeckt Sauce Béarnaise (fertig gekauft), die man extra reicht.

Tournedos mit Oliven

4 Tournedos
4 Tomaten, gegrillt
4 Oliven
4 Scheiben Grillkäse oder Emmentaler
Öl zum Bepinseln
Butter

Tournedos werden auch oft als Medaillons angeboten. Die Fleischstükke mit Pfeffer aus der Pfeffermühle würzen, mit Öl bepinseln und ringsherum mit Zwirn in Form binden, damit die Tournedos schön rund bleiben. Im vorgeheizten Grill – Rost in die oberste Schiene eingeschoben – grillen Sie erst von der einen Seite fünf, dann von der anderen Seite drei Minuten. Währenddessen stechen Sie aus den Käsescheiben hübsche Sterne aus. Auf jedem Fleischstück läßt man ein Flöckchen Butter zerfließen, legt dann den Käsestern darauf und schiebt das Ganze noch einmal für ½ Minute in den Grill. Man garniert nun mit Olivenscheibchen und reicht die gegrillten Tomaten extra dazu.

Tournedos Rossini

4 Tournedos
4 Toastscheiben
4 Scheiben Gänseleber
4 Stückchen Trüffel

Tournedos Rossini sind ein Standardgericht und auf fast allen Speisekarten guter Restaurants zu finden. Eigentlich sollte der Zusatz *Rossini* immer bedeuten, daß diese Tournedos auf folgende Art zubereitet werden: Das, wie im vorhergehenden Rezept beschrieben, gegrillte Fleisch legt man jeweils auf eine getoastete Scheibe Weißbrot, darauf kommt eine zart gebratene Scheibe Gänseleber und zum Schluß ganz obenauf ein ausgestochenes Stückchen Trüffel.

Rumpsteaks

4 Rumpsteaks
Öl zum Bepinseln
Salz und Pfeffer

Den kleinen Fettrand schneidet man in Abständen etwas ein, damit das Fleisch sich nicht beim Grillen wölbt. Mit Öl bestreichen, auf den Rost legen und oben einschieben. Von jeder Seite etwa vier Minuten grillen, mit Salz und Pfeffer würzen. Bei dieser Grillzeit ist das Rumpsteak innen noch beinahe blutig, und so sollte es auch sein.

Rumpsteaks mit Portwein

4 Rumpsteaks
4 TL Pfefferkörner, zerstoßen
60 ml Portwein
½ TL Salz
60 g Butter

Den Fettrand einschneiden und vor dem Grillen die zerstoßenen Pfefferkörner ins Fleisch drücken. Das Einölen nicht vergessen! Wenn Sie die Steaks dann vom Rost nehmen, den Saft, der sich in der Auffangschale gesammelt hat, mit dem Portwein aufgießen, etwas einkochen lassen, dann mit Salz abschmecken und mit der Butter verfeinern.
Und als Beilagen: Pommes frites, Ananasscheiben, Tomaten und frischer grüner Salat.

Hochrippe

(für 6 Personen)

2 Scheiben Hochrippe mit Knochen
Salz, schwarzer Pfeffer
Knoblauchsalz
Paprikapulver, edelsüß
1 EL Öl
4 EL Tomatenketchup
2 EL heißes Wasser
2 TL Meerrettich (aus dem Glas)
2 TL scharfer Senf
⅛ l Öl

Salz, Knoblauchsalz, Pfeffer und Paprika mischen und damit die Fleischstücke einreiben.
Grillrost mit Öl einpinseln und die Stücke darauflegen. Auf jeder Seite etwa 20 Minuten grillen.
Ketchup, heißes Wasser, Meerrettich, Senf und Öl vermengen und während des Grillens damit das Fleisch bestreichen.
Das fertige Fleisch in Portionen schneiden und auf einer vorgewärmten Platte anrichten. Dazu schmeckt Tomaten- oder gemischter Salat.

Roastbeef

(für 6 Personen)
1 kg Roastbeef
Öl
Salz
Pfeffer

Das Roastbeef wird kurz gewaschen, mit Küchenkrepp trockengetupft, mit Öl bestrichen und mit Salz und Pfeffer eingerieben. Auf dem Drehspieß befestigen. Grillzeit normalerweise 35 Minuten. Das Roastbeef muß innen noch fast roh sein: Wenn man daraufdrückt, muß es nachgeben. Nach dem Grillen 10 Minuten warm stellen, dann erst aufschneiden. An den Schnittflächen muß roter Saft austreten. Ideale Beilagen sind Spargel, Erbsen und Reis.

Filets Mignon

4 Filets Mignon aus der Filetspitze
Salz und Pfeffer
zerlassene Butter
Weißbrotbrösel, frisch gerieben

Die Filets salzen und pfeffern, in zerlassene Butter tauchen und in den Bröseln wälzen. Fest andrücken, damit möglichst viel haften bleibt. Bei nicht zu starker Hitze grillen, wobei man vorsichtig mit zerlassener Butter begießt. Dazu serviert man fertige Sauce Béarnaise.

Gegrillte Rinderhüfte

600 g Rinderhüfte
grober schwarzer Pfeffer
Knoblauchsalz
Cayennepfeffer
3 EL Öl
8 kleine Tomaten
1 kleine Knoblauchzehe
2 EL Tomatenketchup
4 EL Öl
3 EL Weinessig
Salz, 1 Prise Zucker, Zitronensaft
Oregano, gerebelt

Die Rinderhüfte in 8 gleich dicke Scheiben schneiden, mit den Gewürzen einreiben und mit dem Öl bepinseln. Die Tomaten oben sternförmig einschneiden, mit Pfeffer und Knoblauchsalz bestreuen und mit Öl bepinseln. Die Hüftscheiben auf dem heißen Grill auf jeder Seite drei bis vier Minuten grillen. Die Tomaten fünf Minuten grillen. Inzwischen eine Schüssel mit der geschälten Knoblauchzehe ausreiben und darin Ketchup, Öl, Essig, Salz, Knoblauchsalz, Pfeffer, Cayennepfeffer, Zucker, Zitronensaft und Oregano verrühren und pikant abschmecken. Die Hüftscheiben mit den Tomaten anrichten. Dazu die Sauce und Bauernbrot reichen. *Foto links*

Vom Kalb

In Amerika, dem *klassischen* Land der Barbecue-Vergnügungen, rangiert Kalb an letzter Stelle, wenn es ans Grillen geht. Ein Grund ist sicher, daß Kalbfleisch wenig fett ist und erhöhte Aufmerksamkeit verlangt. Wir müssen es vor dem Braten und beim Braten gut einfetten, mit Öl, Butter oder einer Sauce, deren Hauptbestandteil Fett ist. Auch der Grillrost muß immer gut geölt sein. Kalb müssen wir stets *well done* braten, also ganz durch. Jedoch kann eine halbe Minute zu lang die berühmte *trockene Schuhsohle* liefern, an der sich dann alle die Zähne ausbeißen.
Das alles sollte uns trotzdem nicht veranlassen, es den Amerikanern nachzumachen und uns *am Kalb vorbeizudrücken.*
Kalbfleisch ist besonders zart, und hier wird es zur beglückenden Kunst, den Geschmack durch richtiges Grillen und durch mit Phantasie bereitete Saucen zu veredeln.
Trotzdem: Die hundertprozentigen *»Fleischfresser«* werden Sie nie zum Kalb bekehren können! Wenn Sie solche Leute in Ihrer Familie haben oder sie als Gäste erwarten, so dürften Sie Ihr Grillprogramm eigentlich nie auf Kalb allein aufbauen.
Immer Ehre einlegen können Sie jedoch mit den folgenden Rezepten:

Vom Holzkohlengrill

Kalbsfilet Teriyaki-Art

600 g Kalbsfilet, schräg in 8 Scheiben geschnitten
Öl zum Bestreichen

Marinade:
5 cl Sojasauce
6 cl Reiswein oder Sherry
etwa 30 g frische Ingwerwurzel, fein gehackt
2 Knoblauchzehen, zerdrückt
2 TL Farinzucker

Für die Marinade alle angegebenen Zutaten sorgfältig miteinander verrühren. Dann die Filetscheiben in eine flache Schüssel oder in eine Auflaufform legen und mit der Marinade überziehen. Das Fleisch mehrmals wenden, dann zugedeckt etwa 24 bis 30 Stunden im Kühlschrank marinieren.
Zum Grillen die Filetscheiben aus der Marinade nehmen und gut abtropfen lassen. Dann die Scheiben auf beiden Seiten mit Öl bestreichen und auf jeder Seite drei bis vier Minuten grillen. Wer will, kann die Filetscheiben dann nochmals halbieren. Dazu schmekken eine milde Sauce oder sautierte Erbsenschoten und Stangensellerie.

Kalbskoteletts einfach

4 Kalbskoteletts
Öl zum Bepinseln
Pfeffer
¼ l Rotwein
2 TL Salz
2 Knoblauchzehen, zerdrückt
2 TL Geflügelgewürz
Salz

Die Koteletts werden mit Öl bepinselt, mit frisch gemahlenem Pfeffer gewürzt und beiseite gelegt. Dann verrührt man den Rotwein mit den Gewürzen und legt die Koteletts auf den Rost. Dabei ständig mit der Sauce bestreichen.

Kalbskoteletts mit Speck und Salbei

Öl zum Bepinseln, getrockneter Salbei
4 Kalbskoteletts
4 Scheiben Speck, geräuchert

Die Koteletts werden mit Öl bepinselt und auf beiden Seiten gegrillt. Dann häuft man auf jedes Kotelett etwas getrockneten Salbei, legt jeweils eine Scheibe Speck darauf und befestigt diese mit einem Zahnstocher. Die Koteletts werden nochmals auf den Grill gelegt, und zwar mit dem Speck nach unten. Diesen läßt man schön knusprig werden (Vorsicht Stichflammen!) und serviert so, daß der Speck wieder oben liegt.

Gefüllte Kalbsschnitzel

4 Kalbsschnitzel,
mindestens 1½ cm dick
4 Scheiben Speck
4 Scheiben Emmentaler oder Chester

Mit einem scharfen Messer schlitzen Sie die Schnitzel seitlich so auf, daß eine Tasche entsteht. In diese füllt man eine Scheibe Speck und eine Scheibe Käse. Verschließen Sie die Öffnung mit zwei durchs Fleisch gespießten Zahnstochern. Vorsicht, das Holz sollte nicht herausschauen! Jetzt würzen Sie mit frischgemahlenem Pfeffer und legen die gefüllten Schnitzel auf den nicht zu heißen Grill. Wenn das Fleisch schön knusprig und der Käse gut verlaufen ist, sind Ihre gefüllten Schnitzel fertig.

Kalbsleber

4 Scheiben Kalbsleber
Öl zum Bepinseln
Salz und Pfeffer

Die zarte Kalbsleber läßt sich sehr leicht grillen. Achten Sie nur darauf, daß sie nicht zu sehr durchbrät. Es genügt, die Leberschnitten, die nicht zu dünn sein dürfen, vor dem Grillen mit ein wenig Öl zu bepinseln.
Wenn die Leber gar ist, wird sie mit Salz und Pfeffer aus der Mühle gewürzt. Dazu schmeckt gemischter Salat.

Kalbfleischröllchen mit Sardellenfüllung

4 mittelgroße Kalbsschnitzel
4 kleine rote Zwiebeln, geviertelt
Olivenöl
Pfeffer

Füllung:
6 Sardellenfilets, sehr fein gehackt
160 g Weißbrot ohne Rinde, zerkrümelt, in wenig Milch eingeweicht
abgeriebene Schale von
1 unbehandelten Zitrone
1 EL Zitronensaft
1 EL Petersilie, sehr fein gehackt

Die Schnitzel zwischen Klarsichtfolie flachklopfen und jeweils in vier gleiche Teile schneiden.
Für die Füllung die gehackten Sardellenfilets mit dem ausgedrückten Weißbrot vermischen und Zitronenschale und -saft und Petersilie daruntermengen. Auf jedes Kalbfleischstückchen etwas von der Füllung geben und aufrollen. Abwechselnd mit den Zwiebelvierteln auf Spieße stekken, mit Öl bestreichen und mit etwas Pfeffer bestreuen. Auf dem Rost über mittlerer Hitze etwa drei Minuten von einer Seite grillen, dann wenden, erneut mit Öl bestreichen und weitere drei Minuten grillen. Die Kalbfleischröllchen sollen schön braun sein. Dazu gibt es Rapunzelsalat und eine Zitronensauce (Seite 29) oder Meerrettich-Mandel-Sauce (Seite 26).

Kalbsspießchen mit Pfirsichen

400 g Kalbfleisch von der Oberschale
1 mittelgroßer Zucchino (etwa 300 g)
4 große Pfirsichhälften aus der Dose
Joghurt-Marinade, Seite 22

Zuerst die Joghurt-Marinade nach Anweisung zubereiten. Dann das Fleisch in etwa 2 cm große Würfel schneiden, ebenso den Zucchino. In einer Schüssel Fleisch- und Zucchinowürfel mit der Marinade überziehen und zugedeckt etwa sechs Stunden, am besten über Nacht, im Kühlschrank marinieren.
Zum Grillen auch die Pfirsichhälften 2 cm groß würfeln. Dann abwechselnd mit Fleisch- und Zucchinowürfeln auf Spieße stecken und die Marinade, falls nötig, noch etwas abtropfen lassen. Über mittlerer Hitze die Spieße unter mehrmaligem Wenden etwa acht bis zehn Minuten grillen, bis sie schön braun sind. Dazu gibt es die restliche Marinade zum Dippen, Tomatensalat und Stangenbrot.

Kalbshirn

2 Kalbshirne
125 g zerlassene Butter
Semmelbrösel
Zitronenstückchen
knuspriger Speck

Am besten kochen Sie das Hirn in der Küche vor. Dazu weichen Sie es erst kurz in kaltem Wasser ein und lassen es dann 15 Minuten lang mit Wasser ganz bedeckt auf kleinem Feuer kochen. Das Kochwasser kann mit Zitronensaft und Salz verfeinert werden.
Dann läßt man das Hirn abtropfen, entfernt eventuelle fleckige Stellen und teilt es in Portionen. Nun wird es zuerst in zerlassene Butter getaucht, dann in den Semmelbröseln gewendet und auf beiden Seiten braun gegrillt. Das dauert noch zehn Minuten. Während des Grillens betupft man immer wieder mit ein wenig zerlassener Butter.
Serviert wird mit Zitronenstückchen, knusprigem Speck und noch mehr zerlassener Butter.

Kalbsnierchen

ca. 200 g Nierchen pro Person, kochfertig vorbereitet
Öl oder zerlassene Butter zum Bepinseln

Die vorbereiteten Nierchen (das macht auch der Metzger) bepinselt man mit Öl oder zerlassener Butter und würzt sie eventuell mit etwas Knoblauch.
Man grillt die Nierchen über mittelheißer Hitze, aber nicht zu lange, weil sie sonst zäh werden. Je nach Größe brauchen sie fünf bis 15 Minuten. Sie sind fertig, wenn sie außen braun, innen aber noch saftig und rosa sind. Man serviert sie, in Scheibchen geschnitten, mit zerlassener Butter.

Kalbsnierchen mit Speck

ca. 200 g Nierchen pro Person, kochfertig vorbereitet
Frühstücksspeck in Scheiben

Die Nierchen werden in Scheibchen geschnitten, in Speckscheiben gewikkelt und gegrillt. In diesem Fall ist es nicht nötig, sie mit Öl zu bepinseln. Man grillt, bis der Speck sehr knusprig ist.

Kalbsnierenspießchen

200 g Kalbfleisch von der Oberschale
200 g Kalbsnieren, küchenfertig
3 EL Öl
1 TL Senf
1 Messerspitze Basilikum
125 g Frühstücksspeck
2 grüne Paprikaschoten
1 kleine Aubergine
4 Tomaten, halbiert
Salz, weißer Pfeffer
1 EL Öl
Paprikapulver, edelsüß, nach Belieben

Fleisch und Nieren werden etwa 2 cm groß gewürfelt, der Speck ebenso. Die Paprikaschoten zerteilt man in gleichmäßige Stücke, und die Aubergine wird in etwa 1½ cm dicke Scheiben geschnitten.
Öl, Senf und Basilikum zu einer Beize verrühren und Fleisch und Nieren darin 30 Minuten ziehen lassen.
Dann herausnehmen, mit Küchenkrepp trockentupfen und abwechselnd mit Speck, Paprika und Aubergine auf Spießchen stecken. Die Tomatenhälften jeweils am Anfang und am Ende salzen und pfeffern und mit Öl beträufeln. Über dem Holzkohlenfeuer etwa zehn Minuten garen. Mehrmals wenden. Nochmals mit Salz und Pfeffer und eventuell Paprika nachwürzen. Dazu schmeckt Weißbrot und trockener weißer Landwein sowie Tomatensalat.
Foto links

Grilladen aus der Küche

Das Zubereiten von Kalbfleisch im Grillgerät gibt Ihnen für dieses von Porterhouse- und Chateaubriand-Fanatikern oft *verachtete* Fleisch die Möglichkeit, über alle Vorurteile zu siegen. Was am Holzkohlenrost im Garten notgedrungen manchmal Improvisation bleiben wird, gedeiht im elektrischen Grill zum überzeugenden Kunstwerk.

Kalbswickelbraten

1 kg Kalbsbraten
4 Scheiben Speck
Salz und Pfeffer

Zuerst wird das Fleisch, wenn nötig, mit Küchenkrepp trockengetupft. Dann würzt man mit Salz und Pfeffer, legt die Speckscheiben darauf, rollt alles fest zusammen und bindet mit Zwirn zusammen. Diesen Wickelbraten steckt man auf den Spieß und grillt ihn dann etwa 1½ Stunden. Dazu passen Salzkartoffeln und Gemüse wie Rosenkohl, Erbsen, grüne Bohnen mit Butter und gegrillte Tomaten. Den Braten bekommen Sie zuweilen schon fertig vorbereitet zu kaufen.

Bistecca alla Fiorentina

Olivenöl
Pfeffer
4 große Kalbssteaks
(aus dem Rückenstück samt Filet geschnitten)
Salz
Zitronenschnitze

Der würzige Geschmack dieser Steaks ergibt sich aus der kurzen Garzeit. Das Fleisch muß außen ganz knusprig sein, innen jedoch noch rosa.
Das Fleisch in Öl und Pfeffer kurz marinieren. Abtropfen lassen und auf den vorgeheizten Rost legen. Die Hitze zurückschalten. Wenn das Fleisch *schwitzt*, salzen. Auf beiden Seiten knusprig werden lassen. Dazu schmecken grillierte Steinpilze. Serviert wird mit Zitronenschnitzen.

Cordon bleu

4 Schnitzel, 1 ½ cm dick
4 Scheiben Schinken
4 Scheiben Emmentaler
Öl zum Bepinseln

Vom Metzger lassen Sie sich die Scheiben bis auf den Hautrand aufschneiden. Die auseinandergeklappten Schnitzel etwas salzen und pfeffern. Dann eine Scheibe Schinken und eine Scheibe Emmentaler auf jedes Schnitzel geben, zusammenklappen, zustecken und eingeölt im vorgeheizten Grill auf jeder Seite zehn Minuten grillen. Zum Schluß nochmals nachsalzen und sofort servieren. Dazu schmecken feine Gemüse, Salate, Reis, aber auch Kartoffelbrei.

Kalbskoteletts mit Gorgonzola

3 EL Olivenöl
Salz, Pfeffer
4 Kalbskoteletts
60 g Butter
100 g Gorgonzola

Öl, Salz und Pfeffer vermischen und die Koteletts darin ziehen lassen. Auf dem vorgeheizten Rost die Fleischstücke von beiden Seiten schön bräunen.
Butter und Gorgonzola gut mit einer Gabel vermischen, eine Rolle formen und diese in vier Scheiben teilen.
Auf die fertigen Koteletts jeweils eine Scheibe legen und etwas zerlaufen lassen.
Dazu schmeckt frisches Weißbrot und grüner Salat.

Kalbskoteletts gewürzt

4 mittelgroße Kalbskoteletts
Saft einer Zitrone
grobgemahlener Pfeffer
Petersilie, fein gehackt
Schnittlauch, fein gehackt
2 Knoblauchzehen, zerdrückt
reichlich zerlassene Butter
Semmelbrösel

Zitronensaft, Pfeffer, Kräuter und Knoblauch gut vermengen. In dieser Mischung die Koteletts mindestens eine Stunde lang marinieren. Das Fleisch sollte von dieser Marinade völlig bedeckt sein. Nach dem Marinieren tauchen wir die Koteletts in zerlassene Butter und panieren sie in feinsten Semmelbröseln. Wichtig ist, daß die Brösel gut angedrückt werden, damit sie haften bleiben. Die Koteletts werden bei mäßiger Hitze gegrillt und dabei mehrfach mit zerlassener Butter leicht begossen. Dazu gibt es grünen Salat.

Kalbsschnitzel einfach

4 Kalbsschnitzel
Öl zum Bepinseln
Kräuterbutter, s. Seite 129

Die Schnitzel vor dem Grillen auf keinen Fall klopfen oder salzen! Man schneidet sie am Rand mehrmals ein, damit sie auf dem Grillrost flach liegen bleiben und bepinselt sie leicht mit Öl, bevor sie in den Grill kommen.
Auf jeder Seite grillen Sie ungefähr sieben Minuten. Servieren Sie mit je einer Scheibe Kräuterbutter, die langsam auf dem heißen Schnitzel zerlaufen soll. Vielleicht möchten Sie auch eine der anderen feinen Buttermischungen ausprobieren.

Kalbsschnitzel mit Käse

4 Kalbsschnitzel
Öl zum Bepinseln
4 Scheiben Emmentaler
Paprikapulver, edelsüß

Wir grillen die Fleischstücke wie im Rezept »Kalbsschnitzel einfach«. Auf die fertigen Schnitzel legen wir den Käse, bestreuen mit Paprika und schieben noch einmal alles in den Grill, und zwar so lange, bis der Käse zu laufen beginnt.

Mailänder Schnitzel

4 Kalbsschnitzel
Öl zum Bepinseln
4 Scheiben Emmentaler
etwas Paprikapulver, edelsüß

Die Schnitzel mit Öl einreiben und etwa sieben Minuten auf jeder Seite grillen. Dann die Käsescheiben darauflegen, mit Paprika bestreuen und nochmals in den Grill geben. Die Mailänder Schnitzel sind fertig, wenn der Käse anfängt zu schmelzen.

Schnitzel neapolitanisch

4 Kalbsschnitzel, gegrillt
Saft einer Zitrone
4 Sardellenfilets
2 hartgekochte Eier in Scheibchen

Die fertig gegrillten Schnitzel mit Zitronensaft beträufeln und dann mit den Sardellenfilets und den Eierscheibchen belegen.

Kalbsschnitzel natur mit Champignons

4 Kalbsschnitzel
Öl zum Bepinseln
250 g Champignons, feinblättrig geschnitten
1 EL Butter
Salz und Pfeffer
etwas Weißwein
Petersilie, fein gehackt

Während die Schnitzel grillen, wie im vorhergehenden Rezept beschrieben, bereiten wir die Champignons auf folgende Art zu: In einem Topf zerläßt man die Butter, gibt die Pilze dazu und läßt sie etwa drei Minuten dünsten. Währenddessen gibt man etwas Weißwein, Salz und Pfeffer nach Geschmack und sehr viel feingehackte Petersilie dazu. Auf einer großen Platte richtet man die Schnitzel mit lockerem Kartoffelpüree und den herrlich nach Petersilie duftenden Champignons an.

Kalbsbrust mit Mandelfülle

(für 6 Personen)
1,25 kg Kalbsbrust
Salz und Pfeffer
3 Brötchen
100 g geschälte Mandeln, gerieben
abgeriebene Schale von 1 unbehandelten Zitrone
50 g geschälte Pistazien, grobgehackt
Muskatnuß
3 EL Petersilie, feingehackt
3 Eidotter, 3 Eiweiß
Paprikapulver, edelsüß
reichlich zerlassene Butter

Die Kalbsbrust lassen Sie sich von Ihrem Metzger zum Füllen vorbereiten.
Das Fleisch wird innen und außen mit Salz und Pfeffer bestreut. Für die Fülle weichen Sie die Brötchen ohne Rinde gut in Wasser ein und drücken sie gut aus. Dann verrühren Sie das zu einer glatten Masse. Dazu geben Sie Mandeln, Zitronenschale, Pistazien, Petersilie und Eidotter und schmecken gut mit Muskatnuß, Salz und Pfeffer ab. Zum Schluß heben Sie vorsichtig das zu steifem Schnee geschlagene Eiweiß darunter. Mit dieser Mischung wird die Kalbsbrust nur locker gefüllt, damit die Masse aufgehen kann.
Jetzt nähen Sie die Kalbsbrust zu und reiben sie von außen gut mit Paprika ein. Sie grillen am Spieß und bestreichen großzügig mit zerlassener Butter. Kalbfleisch ist nicht sehr fett, und es hängt von Ihren Bemühungen ab, ob der Braten gelingt. Grillzeit bei mäßiger Hitze mindestens 50 Minuten.

Kalbszunge mit Sardellensauce

1 Kalbszunge
1 Suppengrün
Salz und Pfeffer
zerlassene Butter

Sardellensauce:
100 g Butter
1 EL Mehl
2 Eidotter
Saft einer halben Zitrone
3 Sardellenfilets, geschabt

Die Kalbszunge kocht man in so viel kochendem Wasser, daß sie gerade bedeckt ist. Dem Wasser wird Suppengrün, Salz und Pfeffer beigegeben. Die Zunge muß dreiviertel gar werden. Dann spaltet man sie in der Mitte, ohne jedoch die beiden Hälften völlig zu trennen. Die beiden Teile hält man zusammen, indem man ein Spießchen längs hindurchsteckt. Man salzt und pfeffert, übergießt mit zerlassener Butter und grillt bei mäßiger Hitze. Inzwischen bereitet man die Sardellensauce zu. Die Butter zerlassen, mit dem Mehl verrühren und mit dem durchgeseihten Kochwasser der Zunge aufgießen. Glattrühren und das Ganze nochmals zwei Minuten kochen lassen. Nun nimmt man den Topf vom Feuer, verquirlt die Eidotter mit etwas Wasser, gibt es zu der Sauce, schlägt diese cremig und schmeckt sie dann mit Salz, Pfeffer, Zitronensaft und den geschabten Sardellenfilets ab.

Kalbsleber mit Speck

4 Scheiben Kalbsleber, etwa 400 g
Salz und Pfeffer
etwas Mehl
zerlassene Butter
4 Scheiben Frühstücksspeck
Zitronensaft

Die Leber wird mit Salz und Pfeffer bestreut, gemehlt, mit zerlassener Butter beträufelt und gegrillt. Man darf diese Leberscheiben nur so stark grillen, daß sie innen noch rosig bleiben. Gleichzeitig grillen wir den Speck. Auf eine Platte legen wir dann abwechselnd eine Scheibe Leber, eine Scheibe Frühstücksspeck usw. und übergießen das Ganze mit zerlassener Butter, die wir mit wenigen Tropfen Zitronensaft verfeinert haben. Dazu schmecken Salzkartoffeln am allerbesten.

Leber mit Apfelfüllung

4 dicke Scheiben Kalbsleber
4 Apfelscheiben
Öl zum Bepinseln

Mit einem scharfen Messer schlitzen wir die Leberscheiben seitlich so auf, daß eine Tasche entsteht. In jede dieser Taschen kommt eine Apfelscheibe. Das Ganze wird mit Öl bestrichen und im vorgeheizten Grill vier Minuten gegrillt. Servieren Sie diese gefüllte Leber mit Reis.

Kalbsherz

1 Kalbsherz
Butter zum Bepinseln
2 Zwiebeln, kleingeschnitten
¼ l Bouillon (Würfel)
½ Becher süße Sahne
etwas Weißwein
Salz und Pfeffer

Das Herz wird gewaschen, mit Küchenkrepp trockengetupft. Dann stecken wir es auf den Drehspieß und befestigen es mit Mitnehmerspießchen. Wir grillen etwa 65 Minuten lang, bepinseln dann mit Butter und grillen fertig. In der Saucenpfanne grillen wir die kleingeschnittenen Zwiebeln mit, gießen mit Bouillon und süßer Sahne auf und schmecken mit Weißwein, Salz und Pfeffer ab.

Kalbshirn mit gegrillten Zwiebelscheiben

500 g Kalbshirn
Öl zum Bepinseln
Salz
Zitronensaft
Butterflöckchen
Toast
Zwiebelscheiben, gegrillt

Das Hirn eine Stunde lang wässern, häuten und noch einmal ins Wasser legen. Man entfernt eventuell vorhandene Äderchen und überbrüht mit Essigwasser.
Das Hirn wird mit Küchenkrepp sorgsam trockengetupft, mit Öl bepinselt und im vorgeheizten Grill auf beiden Seiten fünf bis sechs Minuten gegrillt. Wenn es fertig ist, salzt man, beträufelt mit Zitronensaft, garniert mit Butterflöckchen. Dazu reicht man Toast, Butter und gegrillte Zwiebelscheiben.

Vom Schwein

Schweinefleisch ist überaus bekömmlich, wenn man es über kleinem bis mittlerem Holzkohlenfeuer grillt. Ob Schinken, Spareribs, Koteletts oder Schnitzel: Schweinefleisch muß immer ganz durchgebraten werden. Bei größeren Grilladen sollte man deshalb unbedingt ein Bratenthermometer verwenden. Bei Koteletts und Spareribs schneidet man am Knochen entlang, um festzustellen, ob das Fleisch wirklich *durchgegart* ist.

Vom Holzkohlengrill

Beinschinken

(für 10 bis 15 Personen)
1 ganzer geräucherter Beinschinken
2–3 Lorbeerblätter
etwas Nelkenpfeffer, gemahlen
ganze Nelken
evtl. mit Paprikastückchen gefüllte Oliven, halbiert

Ein ganzer geräucherter Beinschinken, erst sorgsam gekocht, dann gegrillt, ist eine besondere Delikatesse und eignet sich vorzüglich für eine Party mit zehn bis 15 hungrigen Gästen. Im allgemeinen rechnet man pro 1000 g Schinken mit einer Kochzeit von etwa 60 Minuten. Der Schinken soll dabei ganz von Flüssigkeit bedeckt sein, darf aber niemals sprudelnd kochen, sondern muß garziehen.
Man gibt den Schinken immer in kochendes Wasser ohne Salz, fügt die Lorbeerblätter und etwas gemahlenen Nelkenpfeffer bei. Vor dem Grillen etwas abkühlen lassen, dann die Schinkenschwarte in etwa 1 cm große Karos schneiden. In jedes Karo eine ganze Nelke, eventuell auch eine halbe, mit Paprikaschoten gefüllte Olive stecken. Handelt es sich um eine besonders harte Schwarte, die auch nach längerem Kochen nicht weich wurde, muß man sie ablösen und die darunterliegende Fettschicht in Karos schneiden!
Ein ganzer Schinken wird am elektrischen Spieß befestigt. Um ganz sicher zu sein, wann er fertig ist, verwendet man ein Bratenthermometer. Während der Schinken gart, bestreicht man ihn mit einer der köstlichen Glasuren. Hat man keinen elektrischen Spieß, empfiehlt es sich, den Schinken in dicke Scheiben zu schneiden und diese zu grillen.

Ein guter Tip:
Den Schinkenknochen verwendet man später für eine Gemüsesuppe oder für andere Suppen zum Mitkochen.

Glasuren für Schinken

Whiskey-Pfirsich-Glasur

6 cl Bourbon Whiskey
⅛ l Pfirsichsaft (Dose)

Whiskey mit Pfirsichsaft vermischen und den Schinken damit glasieren. Die Pfirsiche aus der Dose in mundgerechte Würfel schneiden, im restlichen Saft kurz erhitzen, mit etwas Whiskey aromatisieren und zum Schinken reichen.

Ananasglasur

1 Dose Ananas in Stücken
50 g Farinzucker

Die Ananasstückchen mit wenig Saft aus der Dose im Mixer pürieren und dann mit dem Farinzucker vermischen.

Schinken kann man grundsätzlich auch mit verschiedenen Marmeladen glasieren, z.B. von Orangen, Pfirsichen und Aprikosen, aber auch mit Wein wie Madeira, Rotwein oder Cidre.

Honigglasur

4 EL Honig
3 EL Zitronensaft
2 EL Angostura bitter

Alle angegebenen Zutaten werden gut miteinander vermischt.

Honig-Aprikosen-Glasur

100 g Farinzucker
3 EL Honig
3 cl Aprikosensaft (Dose)

In einem kleinen Topf alle Zutaten miteinander erhitzen und so lange rühren, bis sich der Zucker völlig gelöst und vermischt hat.

Rum-Aprikosen-Glasur

5 cl Rum
5 cl Sherry
2 gehäufte El Aprikosenmarmelade

In einem kleinen Näpfchen die Aprikosenmarmelade so lange erhitzen, bis sie sich verflüssigt hat. Dann etwas abkühlen lassen und mit Rum und Sherry vermischen.

Spareribs

Schweinerippchen, über dem Holzkohlenfeuer zubereitet, sind eine Delikatesse. Man kann sie entweder im ganzen auf den Spieß stecken, was nicht soviel Aufmerksamkeit verlangt, als wenn man sie direkt auf den Rost legt, denn da müssen sie ständig gewendet werden. Am besten läßt man sich die Schweinerippchen am Stück vom Metzger so einschneiden, daß man sie später leicht in Portionen teilen kann. Man muß bedenken, daß sie verhältnismäßig lange zum Garen brauchen.

Spareribs mit Aprikosenglasur

Sehr gut schmecken die Rippchen auch, wenn sie nach dem Anbräunen mit Aprikosenglasur bestrichen werden. Aprikosenglasur s. Seite 23.

Spareribs chinesisch

1 kg Spareribs
60 ml Wasser oder
Hühnerbouillon (Würfel)
3 cl Sojasauce
3 cl Orangenmarmelade oder Honig
3 cl Tomatenketchup
2 Knoblauchzehen, zerdrückt

Alles gut vermischen und die Rippchen in dieser Marinade vier bis fünf Stunden marinieren lassen. Mit Küchenkrepp abtupfen und über kleinem Feuer eine bis eineinhalb Stunden garen, wobei man gelegentlich mit der Marinade bestreicht. Dann sollte das Fett knusprig und das Fleisch weich und glänzend sein. Zum Servieren in Portionen aufschneiden. Auch Schweinefilet in diese Marinade eingelegt und dann gegrillt schmeckt sehr gut.

Schweinekoteletts

Sie sollten über kleinem Feuer gegrillt werden. Gewendet werden sie nur einmal.

Schweinekoteletts süß-scharf

4 Schweinekoteletts
3 EL Honig
60 ml Hühnerbouillon (Würfel)
3 cl Sojasauce, 2 EL Tomatenketchup
1 Prise Ingwerpulver
½ Zehe Knoblauch, zerdrückt
einige Lorbeerblätter

Diesmal mariniert man die Koteletts in einer Soße aus nebenstehenden Bestandteilen.

Alle Zutaten zusammen werden eine Viertelstunde lang gekocht. Wenn das Fleisch auf dem Grill fast gar ist, wirft man einige Lorbeerblätter in die Glut. Auf diese Art werden die Koteletts ein wenig geräuchert.

Schweinekoteletts in Birnensaft mariniert

4 dicke Schweinekoteletts
½ l Birnensaft

Wir nehmen dicke Schweinekoteletts, marinieren sie mindestens eine Stunde lang in dem Saft von Birnen (aus der Dose) und grillen sie schön knusprig. Gewürze sind nicht nötig!

Schweinekoteletts mit Pfirsich-Chutney

4 Schweinekoteletts (je 150 g)
Öl zum Bestreichen
1 EL rosa Pfefferkörner
1 EL schwarze Pfefferkörner

Pfirsich-Chutney:
2 ganze Pfirsiche, frisch oder aus der Dose
1 EL Kapern, gehackt
1 Schalotten, fein gehackt
1 EL Zitronensaft

Für das Chutney die Haut der Früchte abziehen, die Kerne entfernen. Einen Pfirsich im Mixer pürieren, den anderen grob hacken. Dann alle Zutaten gut miteinander vermischen und ziehen lassen.
Zum Grillen die Koteletts etwas mit Öl bestreichen. Dann die Pfefferkörner in einem Mörser zerstoßen und fest in die Koteletts auf beiden Seiten eindrücken. Bei kleiner Hitze die Koteletts etwa sieben bis neun Minuten auf jeder Seite grillen. Tritt klarer Saft aus, wenn man mit einer Nadel hineinsticht, sind die Koteletts fertig. Mit Pfirsich-Chutney servieren.

Schweinefilet mit Salbei

Schweinefilet, in fingerdicken Scheiben
zerlassene Butter
frischer Salbei, gehackt
evtl. süße Äpfel, Tomaten und Auberginenscheiben

Die Filetscheiben bestreicht man vor dem Grillen. Dazu vermischt man die zerlassene Butter mit dem Salbei. Gleichzeitig mit dem Fleisch grillt man süße Äpfel in der Schale (Folie), Tomaten und vielleicht noch Auberginenscheiben, die man zu den Filetscheiben reicht. *Foto rechts*

Indonesische Schweinefleischspießchen

(für 4–6 Personen)
1 kg mageres Schweinefleisch, in Würfel geschnitten
60 ml Bouillon oder Wasser
70 g Butter

Marinade:
100 g Erdnüsse, gesalzen
2 EL Koriander, gemahlen
2 Knoblauchzehen
1 TL Paprika
1 Zwiebel, geschnitten
3 cl frischer Zitronensaft
2 EL Farinzucker
3 cl Sojasauce
½ TL Pfeffer

Bis auf die ersten drei Zutaten alles im elektrischen Mixer fein pürieren. Das Püree in einem Töpfchen erhitzen, die Butter hineinrühren, mit der Bouillon aufgießen und vom Feuer nehmen. Erkalten lassen und über das Schweinefleisch gießen. Mindestens drei Stunden lang marinieren lassen. Die Fleischwürfel dann auf Spießchen stecken und unter ständigem Wenden über der Holzkohlenglut oder im Grill 25 bis 30 Minuten bräunen. Die restliche Marinade eventuell erhitzen und über das Fleisch gießen.

Fleischspießchen mit Schalotten in Ingwermarinade

600 g mageres Schweinefleisch
etwa 20 Schalotten, abgezogen

Marinade:
⅛ l Geflügelfond
5 cl Sherry
1 EL Farinzucker
1 kleine Knoblauchzehe, zerdrückt
2 EL frisch geriebener Ingwer oder
1 TL Ingwerpulver
2–3 EL Olivenöl

Für die Marinade alle Zutaten in eine große Schüssel geben und gut verrühren. Dann das Schweinefleisch in etwa 2 cm große Würfel schneiden, in die Schüssel zur Marinade geben, mehrmals wenden und dann zugedeckt über Nacht im Kühlschrank marinieren. Zum Grillen das Fleisch abtropfen lassen, dann abwechselnd mit den Schalotten auf die Spieße stecken. Alles gut mit der Marinade bestreichen und bei schwacher bis mittlerer Hitze etwa zehn bis 15 Minuten grillen. Dazwischen immer wieder wenden und mit Marinade bestreichen.

Italienische Spießchen

4 dünne Schweineschnitzel
4 Schweinswürstel, halbiert
8 große Champignons
Salz, Pfeffer
Rosmarin
3 EL Olivenöl

Die Pilze sorgfältig putzen, waschen und trockentupfen. Die Schnitzel leicht klopfen und in Streifen schneiden. Die Stiele der Pilze wickelt man nun in Schweinefleischstreifen und hält diese Röllchen mit Zahnstochern zusammen. Abwechselnd auf Spießchen stecken: ganze Pilzhütchen, Schweinswürstel, Schnitzelröllchen. Die Spießchen auf den heißen Rost legen und langsam von allen Seiten bräunen. Dann werden sie gesalzen und gepfeffert.
Den Rosmarin zwischen den Fingern fein zerreiben und damit das Olivenöl aromatisieren. Die fertig gegrillten Spießchen damit bepinseln.
Dazu schmecken hervorragend dikke, knusprig geröstete Polentascheiben. *Foto links*

Schweinerollbraten vom Spieß

(für 6–8 Personen)
1½ kg Schweinefleisch vom Nacken
Salz und Pfeffer
2 EL Salbeiblätter
1 EL Majoran
1 Knoblauchzehe, zerdrückt
125 g durchwachsener Speck in Streifen
1 rote Paprikaschote, in Streifen geschnitten
1 grüne Paprikaschote, in Streifen geschnitten
reichlich Öl zum Bestreichen

Fleisch ausbreiten, mit Salz, Pfeffer, Salbei und Majoran einreiben. Dann die Speck- und Paprikastreifen darauflegen und das Ganze fest zusammenrollen. Mit Küchengarn festbinden. Mit reichlich Öl bestreichen und auf einen Drehspieß stecken, nach Möglichkeit auf einen mit zwei Stangen, da sich so das Gewicht besser ausbalancieren läßt. Ein Stück Alufolie unter das Grillgut legen, um den Saft aufzufangen.
Über mittlerer Hitze etwa 90 Minuten grillen. Zwischendurch immer wieder mit Öl bestreichen. Vor dem Aufschneiden den Rollbraten noch etwa fünf bis zehn Minuten ruhen lassen, damit sich der Saft wieder verteilt. Dann den Faden entfernen. Der aufgefangene Saft wird später über die Scheiben geträufelt. Dazu gibt es Rotkohl oder gemischte Salate, Kümmelbrot und kühles Bier. Wer etwas mehr Sauce möchte, kann die Biersauce (Seite 24) dazu reichen. *Foto rechts*

Gefüllter Rollbraten

(für 8–10 Personen)
2 kg Schweineschulter, ohne Knochen
50 g Butter, zerlassen
200 g Sellerie, feingehackt
3 EL Zwiebel, feingehackt
200 g weiche Brotkrumen
3 EL Paranüsse, gehackt
1 TL Salz
1 Prise schwarzer Pfeffer
¼ TL Kümmel
1 Ei, leicht geschlagen

Lassen Sie sich das Fleisch beim Metzger entbeinen und für Rollbraten vorbereiten. Dann die Butter zerlassen, Sellerie und Zwiebel dazugeben und beides weichdämpfen. Vom Feuer nehmen.

Die Brotkrumen (im Notfall Semmelbrösel), Nüsse, Salz, Pfeffer und Kümmel in eine große Schüssel geben. Die Butter-Sellerie-Mischung und das Ei dazugeben und gut vermischen.

Das Fleisch flach bereit legen, mit der Mischung bestreichen und dann zusammenrollen. Mit Zwirn zusammenbinden.

Den Braten auf den Spieß stecken, das Bratenthermometer hineinstekken, und etwa zweieinhalb Stunden lang grillen. Vor dem Aufschneiden das Fleisch zehn Minuten ruhen lassen. Den Zwirn und das Thermometer entfernen und dann auf dem großen Tranchierbrett aufschneiden.

Gegrillter Schweinenacken

1 kg ausgelöster Schweinenacken
2 EL Öl
6 EL helles Bier
1 EL scharfer Senf
1 TL geriebener Meerrettich
schwarzer Pfeffer
Paprikapulver, edelsüß
einige Tropfen Tabascosauce
1 Zwiebel, Salz
3 Knoblauchzehen

Den Schweinenacken auf den Drehspieß stecken und gut befestigen, damit er das Gleichgewicht behält. Unter ständigem Drehen 90 Minuten grillen. Öl, Bier, Senf, Meerrettich, Pfeffer, Paprika und Tabasco verrühren. Zwiebel schälen und reiben. Knoblauchzehen schälen und mit etwas Salz zerdrücken. Beides unter die Würzmischung rühren. Damit den Schweinenacken nach 60 Minuten öfters bestreichen. Den fertigen Schweinenacken vom Spieß nehmen, in Scheiben schneiden und salzen. Dazu Grilltomaten, gemischten Salat und Bauernbrot servieren.

Schweinshaxe mit Grilltomaten und Folienkartoffeln

1 Schweinshaxe, etwa 1 kg
Öl zum Bepinseln
Bier zum Bepinseln

Wir schieben unseren Drehspieß durch die Schweinshaxe, die wir vorher gut gewaschen, mit Küchenkrepp trockengetupft und dann mit Öl bestrichen haben. Das Gewicht muß möglichst gleichmäßig verteilt sein. Vergessen Sie auch nicht, die Haxe gut mit den beiden Mitnehmerspießchen zu befestigen. Und jetzt müssen wir all jene enttäuschen, die auf ein kompliziertes Rezept warten. Es handelt sich *um die Haxe an sich.* Stellen Sie die Zeituhr auf 70 Minuten, beginnen Sie mit relativ starker Hitze, die Sie nach einer halben Stunde verringern und drehen Sie am Schluß noch einmal voll auf. Etwa nach 45 Minuten überpinseln Sie die Haxe, die sich munter und vielversprechend dreht, mit Bier. Außen knusprig – innen saftig! Dazu gibt es gegrillte Tomaten (Seite 42) und Kartoffeln aus der Folie (Seite 43). Und nicht zu vergessen – ein kühles Bier! *Foto links*

Grilladen aus der Küche

Gefülltes Spanferkel

(für 8–12 Personen)
1 kleines Spanferkel

Innereien:
Leber, Herz, Zunge
2 Zwiebeln, feingehackt
Weißbrot, Milch
Salz und Pfeffer
1 Gläschen Weinbrand
2 Bund Petersilie, feingehackt
1 Knoblauchzehe, zerdrückt
1 Zitrone, ungespritzt
Öl zum Bepinseln

Zuerst bereiten wir die Fülle. Dazu werden die Innereien sehr fein gehackt. Die Zwiebeln dünstet man in Butter an. Das Weißbrot wird in Milch eingeweicht. Dann vermischt man alles und würzt mit Salz und Pfeffer. Das Ganze knetet man unermüdlich. Nun gibt man noch den Weinbrand, viel Petersilie und Knoblauch dazu.
Diese Farce füllen wir in das Ferkel, nähen es mit Küchenzwirn zu und reiben es von außen gründlich mit Zitronenschale ab.
Beim Grillen bepinseln wir den Braten immer wieder mit Öl. Wegen der Füllung verlängert sich die Grillzeit um etwa eine halbe Stunde. Reichen Sie dazu ein ganz heißes Apfelmus oder Apfelkompott mit Rosinen.

Spanferkel am Spieß

(für 8–12 Personen)
1 kleines Spanferkel, etwa 2–3 kg
Salz
zerlassene Butter
Bier zum Bepinseln

Vielleicht hört Ihr Metzger auf Sie und liefert Ihnen auf Bestellung ein kleines Spanferkel. Man läßt es grillfertig vorbereiten und muß dann nur noch die Vorder- und Hinterbeine festbinden. Dann salzt man das Ferkel innen gut ein und bepinselt es innen und außen mit zerlassener Butter.
Jetzt geben Sie es auf den Spieß und grillen eine Stunde lang, wobei Sie es immer wieder mit Bier bepinseln. Zum Schluß grillen Sie noch einmal mit großer Hitze, damit Ihr Ferkelchen außen schön knusprig ist. Den Saft, der in die Pfanne getropft ist, verdünnen Sie noch mit Bier.

Schweinefilet vom Rost

1 größeres oder
2 kleine Schweinefilets
Majoran, Salz und Pfeffer

Verwenden Sie hierzu Ihren zweiteiligen Drehrost, falls Sie so ein nützliches Zusatzteil besitzen: Die Filets werden zwischen die beiden Roste geklemmt und die Vorrichtung am Drehspieß befestigt. Natürlich geht es auch auf dem flachen Einschieberost.
Wir grillen am Drehrost acht Minuten (vier Minuten auf jeder Seite) und würzen beim Servieren mit Majoran, Salz und Pfeffer.
Immer wieder: Kräuterbutter (Seite 129) ist zum Filet einfach wunderbar.

Schweinekoteletts vom Rost

4 Schweinekoteletts
Pfeffer
Öl
1 Knoblauchzehe
evtl. 2 Zwiebeln, in Scheiben geschnitten
evtl. 2 Äpfel, in Scheiben geschnitten
etwas Weißwein

Die Koteletts werden leicht geklopft und dann mit Pfeffer bestreut. Für Knoblauchliebhaber: Geben Sie die Zehe Knoblauch ins Öl und marinieren Sie die Koteletts in dieser Mischung. Im vorgeheizten Grill werden die Fleischstücke von jeder Seite etwa fünf Minuten gebräunt.
In der Auffangschale kann man Zwiebel- und Apfelscheiben einige Minuten mitgrillen. Die Koteletts werden mit den Zwiebel- und Apfelscheiben angerichtet. Was dann noch als Soße oder Saft in der Pfanne bleibt, vermischt man mit etwas Weißwein, schmeckt mit Salz und Pfeffer ab und gießt die so entstandene Sauce über die angerichtete Speise. Will man es einfacher, serviert man zu den gegrillten Koteletts gegrillte Tomaten und Reis oder aber Kartoffelsalat, Gurkensalat, Tomatensalat.

Von Lamm und Hammel

Lamm und Hammel vom Grill stellen die verwöhntesten Feinschmecker zufrieden. Allerdings muß das Fett äußerst sorgfältig abgelöst werden, wenn man vermeiden will, daß die Gerichte hammeln. Außerdem kann man mit drei oder vier Gewürznelken, mit denen man das Hammelfleisch etwa vier Stunden spickt, den unangenehmen Geschmack verhindern. Napoleon soll angeblich die Schlacht bei Leipzig verloren haben, weil er sich am Abend zuvor an Lammkeule mit Zwiebeln und Knoblauch – überfressen hatte. Wenn Sie also bei der nächsten wichtigen Geschäftstransaktion erfolgreich sein wollen, traktieren Sie Ihren *Gegner* vorher mit Lammbraten!
Allerdings: Angesichts solcher Köstlichkeiten werden Sie selbst es nie fertigbekommen zu verzichten. Und damit stünden die Chancen wieder gleich!
Zum Hammel gehört übrigens eisgekühlter Wacholderschnaps.

Vom Holzkohlengrill

Lamm- oder Hammelbrust

(für 6–8 Personen)
1½ kg Lamm- oder Hammelbrust

Marinade:
⅛ l Orangensaft
Saft von ½ Zitrone
2 EL Zucker
4 EL Minzeblätter, zerkleinert

Soße zum Bestreichen:
6 cl Marinade
3 cl Öl

Das Lamm- oder Hammelfleisch wird in einer Marinade von Orangen-, Zitronensaft und Zucker sechs Stunden mariniert.
Während der letzten beiden Stunden setzt man der Marinade zerkleinerte Minzeblätter zu. Dann wird das Fleisch in Öl getaucht und im Stück bei kleiner Glut gar gegrillt. Während dieser Zeit immer wieder mit der oben angegebenen Sauce bestreichen. Die restliche Marinade erhitzt man und serviert sie als Sauce zum Fleisch.
Wenn Sie kein Bratenthermometer besitzen, müssen Sie, um festzustellen, ob das Fleisch gar ist, das Fleisch anstechen. Solange der herauslaufende Saft nicht klar, ohne Blut und *weiß* ist, muß weitergegrillt werden.

Zigeunerlamm

(6–8 Personen)
1½ kg Lammfleisch vom Schlegel
4 Knoblauchzehen, mit Salz zerdrückt
Zwiebelscheiben
Zitronenscheiben
Paprikapulver, edelsüß

Vor dem Grillen wird das Lammfleisch mit dem Knoblauch eingerieben. In eine Schüssel gibt man eine Lage Zwiebelscheiben, legt das Fleisch darauf und bedeckt es auch oben und an den Seiten mit Zwiebel- und Zitronenscheiben. Die Schüssel mit dem Fleisch soll zugedeckt mindestens eine Nacht lang stehen. Vor dem Grillen bestreut man mit sehr viel Paprika.

Estragon-Lamm

4 Scheiben Lammlende, nicht zu dünn geschnitten
6 cl Weißwein
3 EL Estragon, feingeschnitten
100 g Butter

Die Lendenscheiben werden vor dem Grillen mariniert. Für die Marinade vermischen wir den Weißwein mit zwei Eßlöffeln Estragon. Dann verrührt man die Butter mit dem restlichen Estragon und bestreicht damit das Fleisch.

Würziges Lammfleisch

Knoblauchcreme, Seite 30
oder
Mango-Relish, Seite 29
1 kg Lendenkotelettstück (Kernfleisch)

Marinade:
3 EL Zitronensaft
3 EL Farinzucker
½ TL Nelken, gemahlen
½ TL Piment, gemahlen
Pfeffer

Als erstes die Knoblauchcreme oder das Mango-Chutney nach Anweisung zubereiten. Dann in einer kleinen Schüssel alle Zutaten für die Marinade gründlich miteinander vermischen und das Fleisch fest damit einreiben und beträufeln. Bei Zimmertemperatur etwa eine Stunde marinieren und alle 15 Minuten wenden. Zum Grillen den Grillrost leicht einölen, und das Lammfleisch auf jeder Seite sieben bis zehn Minuten grillen. Dabei immer wieder mit der restlichen Marinade bestreichen. Vor dem Aufschneiden das Fleisch fünf bis acht Minuten ruhen lassen. Dazu gibt es Knoblauchcreme oder Mango-Chutney oder beides und Stangenbrot.

Hammelkeule Hawaii

1 kleine Hammelkeule
Knoblauchstückchen
Ingwerstückchen, kandiert
Sojasauce

Das Fleisch wird mit Knoblauch und Ingwer gespickt und etwa drei Stunden in Sojasoße mariniert. Man grillt wie vorher beschrieben.

Lammkeule mit Spezialsoße

1 kleine Lammkeule mit Knochen
Spezialsauce für Lamm und Hammel, Seite 25

Dazu nehmen wir ein möglichst kleines Stück, damit es auf dem Grill nicht gar zu lange dauert. Während des Grillens bestreicht man es mit Spezialsoße. Zuerst muß die Glut sehr heiß sein, damit sich die Poren schließen. Danach wird auf verringerter Hitze mindestens 30 Minuten weitergegrillt. Dazu schmecken in Butter geschwenkte Gemüse wie Tomaten, Bohnen, Schalotten, junge Möhren und Champignons. *Foto links*

Lammkoteletts

6–8 Lammkoteletts
4 EL Rotwein
etwas Sojasauce
Zitronensaft
einige Pfefferkörner
Oregano
1 Knoblauchzehe, zerdrückt
Rosmarin
Thymian
Muskat

Lamm- oder Hammelkoteletts schmecken am besten, wenn sie zwei bis drei Tage zuvor in einer Mischung aus Rotwein, Sojasauce und Zitronensaft mit einigen Pfefferkörnern und etwas Oregano gebeizt wurden. Dann grillen. Als klassische Gewürze gelten zerdrückte Knoblauchzehen und Mittelmeerkräuter. Das Fleisch darf innen leicht rosig sein. Mit gegrillten Tomaten zu Tisch bringen.
Foto rechts

Lammkoteletts mit Minze

6–8 Koteletts
⅛ Minzsauce, Seite 26
80 ml Öl

Minzsauce und Speiseöl gut vermischen und diese Marinade über das Fleisch gießen. Die Schüssel zudekken und unter einmaligem Wenden bei Zimmertemperatur die Koteletts zwei Stunden lang darin marinieren. Kurz vor dem Grillen die Fleischstükke aus der Marinade nehmen, über

mittlerem Feuer etwa 15 Minuten grillen, dann wenden und so lange grillen, wie Sie es möchten. Das heißt, innen zartrosa und saftig oder ganz durchgebraten. Feststellen läßt sich dies, indem man mit einem kleinen scharfen Messer am Knochen entlang einen kleinen Schnitt anbringt.

Lammkoteletts mit Sherrysauce

10–12 Stielkoteletts
1 EL Olivenöl
1 EL frische Petersilie, gehackt
1 EL frischer Salbei, gehackt
1 EL frische Thymianblättchen
1 Knoblauchzehe, gehackt
Salz, Pfeffer
Sherrysauce, Seite 25

Die Koteletts auf eine große Platte mit Rand legen und mit allen Zutaten, außer der Sauce, bedecken. Das Ganze zugedeckt im Kühlschrank vier Stunden marinieren.
Zum Grillen den Grillrost leicht einölen und die marinierten Koteletts von beiden Seiten etwa vier bis sechs Minuten grillen, je nachdem, ob das Fleisch rosa oder durchgebraten sein soll. Dazu gibt es die angegebene Sherrysauce und Knoblauchbrot.

Lamm-Medaillons mit Tomaten-Kapern-Sauce

Tomaten-Kapern-Sauce, Seite 26
600 g Lammlende
1 Zwiebel, in sehr dünne Scheiben geschnitten
2 Knoblauchzehen, gehackt
1 EL frischer Oregano, gehackt
1 EL frischer Thymianblättchen
Salz, Pfeffer
160 ml trockener Weißwein

Das Lammfleisch am besten vom Metzger in Scheiben von etwa 100 g schneiden lassen. Dann die Scheiben in eine flache Schüssel legen, mit Zwiebeln, Knoblauch, Oregano und Thymian bedecken und etwas Salz und Pfeffer darüberstreuen. Anschließend den Wein darübergießen und das Ganze zugedeckt im Kühlschrank etwa fünf Stunden marinieren. Ab und zu das Fleisch wenden. Eine Stunde vor dem Grillen das Fleisch aus dem Kühlschrank nehmen, damit es Zimmertemperatur bekommt.
Zum Grillen den Rost leicht einölen. Dann die Medaillons bei relativ starker Hitze sieben bis zehn Minuten auf jeder Seite grillen. Die Medaillons sollen sich fest anfühlen und schön braun sein. Dazu gibt es die genannte Sauce und Stangenbrot.

Lamm-Gemüse-Spieße

700 g Lammfleisch von der Keule,
ohne Knochen

Marinade:
60 ml Olivenöl
Saft von 1 Zitrone
1 Zwiebel, in sehr feine Ringe geschnitten
3 Lorbeerblätter
1 EL frische Thymianblättchen
Pfeffer

8–10 Schalotten
1 grüne Paprikaschote
1 rote Paprikaschote
Salz und Pfeffer

Das Fleisch in Würfel von etwa 2×2 cm Größe schneiden und in einer flachen Schüssel ausbreiten. Die Zwiebelringe, Lorbeerblätter, Thymian und etwas Pfeffer darüber verteilen. Dann das Öl mit dem Zitronensaft mischen und über das Ganze gießen. Mehrmals wenden und das Fleisch zugedeckt etwa sechs Stunden im Kühlschrank marinieren. In der Zwischenzeit die Schalotten abziehen und einige Minuten in kochendem Wasser blanchieren. Wenn sie abgekühlt sind, halbieren. Die Paprikaschoten in kleine Quadrate von 2×2 cm Größe schneiden.
Zum Grillen das Fleisch eine Stunde vorher aus dem Kühlschrank nehmen, damit es Zimmertemperatur bekommt. Dann die Fleischwürfel abwechselnd mit Schalotten und Paprikastückchen auf Spieße stecken. Den Rost leicht einölen und bei mittlerer Hitze etwa 12 bis 15 Minuten grillen. Dabei häufig wenden und immer wieder mit der restlichen Marinade bestreichen. Dazu gibt es griechischen Joghurt, gewürzt mit Salz, Pfeffer und einigen Tropfen Knoblauchsaft. *Foto rechts*

Lammspießchen

1 kg Lammschulter
8 cl French Dressing, Fertigsauce
1 Knoblauchzehe, zerdrückt
kleine Champignons
Frühstücksspeck
Gewürzsalz (seasoned salt)

Das Fleisch in mundgerechte Würfel schneiden, mit dem French Dressing und dem Knoblauch in eine Schüssel geben. Im Kühlschrank mindestens drei Stunden marinieren lassen, dabei öfter wenden.
Die Spießchen bestecken mit Fleischwürfeln, Champignons, Speck usw. Mit dem Gewürzsalz bestreuen und über den Holzkohlen grillen, ab und zu umdrehen.

Lamm-Tikka

Knoblauch-Ingwer-Marinade, Seite 22
dazu 1 TL Kurkuma
2 TL Kreuzkümmel

600 g mageres Lammfleisch
400 g frisches Ananasfruchtfleisch

Zuerst die Marinade aus den angegebenen Zutaten bereiten. Dann das Lammfleisch in 3 × 3 cm große Würfel schneiden und in eine flache Schüssel legen. Mit der Marinade übergießen und zugedeckt im Kühlschrank etwa sechs Stunden marinieren. In der Zwischenzeit die Ananas in Würfel von etwa 2 × 2 cm Größe schneiden.
Zum Grillen die Spieße leicht einölen, ebenso den Rost. Dann abwechselnd Lammfleisch- und Ananaswürfel auf die Spieße stecken. Etwa 12 bis 15 Minuten grillen. Dabei die Spieße häufig wenden und mit der restlichen Marinade bestreichen. Dazu gibt es Gurkensalat mit Minze.

Kaukasische Lammspieße

500 g mageres Lammfleisch von der Lende
2 EL Öl
2 Schalotten, fein gehackt
400 g Damaszener-Pflaumen, entsteint, grob gehackt
3 EL Rotwein
Saft von ½ Limette oder Zitrone
1 EL Honig
1 TL Zimt, gemahlen
¼ TL Kardamom, gemahlen
2 EL frisches Basilikum, gehackt
200 g griechischer Joghurt

Das Lammfleisch in etwa 3×3 cm große Würfel schneiden. Dann die Marinade bereiten: In einem Topf oder einer Pfanne das Öl erhitzen und die Schalotten darin weichdünsten. Dann Pflaumen, Rotwein, Limettensaft, Honig und die Gewürze dazugeben und so lange köcheln lassen, bis die Pflaumen weich sind (etwa 20 Minuten). Dann das Ganze im Mixer pürieren, von der Masse 6 cl wegnehmen und beiseite stellen.
Das Lammfleisch in einer flachen Schüssel ausbreiten, das Basilikum darüberstreuen und mit der Pflaumenmischung bestreichen. Mehrmals das Fleisch wenden und dann zugedeckt im Kühlschrank 20 Stunden marinieren.
Eine Stunde vor dem Grillen die Fleischwürfel aus dem Kühlschrank holen, damit das Fleisch Zimmertemperatur annimmt. Die Metallspieße leicht einölen, ebenfalls den Grillrost. Die Fleischwürfel auf die Spieße stekken und bei mittlerer Hitze unter häufigem Wenden etwa 12 bis 15 Minuten grillen. Dabei immer wieder mit der restlichen Marinade bestreichen. Den Joghurt mit den 6 cl der Pflaumenmischung verrühren und zu den Spießen reichen.

Lammfrikadellen mit Pflaumen-Knoblauch-Sauce

800 g mageres Lammfleisch, gehackt
1 Zwiebel, sehr fein gehackt
300 g Zucchini, fein geraspelt
80 g Semmelbrösel
1 Ei
½ TL Salz, nach Belieben auch mehr
Pfeffer
Pflaumen-Knoblauch-Sauce, Seite 25

Als erstes die Pflaumen-Knoblauch-Sauce nach Anweisung zubereiten. Dann alle Zutaten für die Frikadellen in einer Schüssel gründlich vermengen. Die Masse in 16 bis 18 Portionen teilen und etwa 1 cm dicke Frikadellen daraus formen. Zum Grillen den Rost leicht einölen und bei starker Hitze die Frikadellen etwa acht Minuten auf jeder Seite grillen. Dazu gibt es die genannte Sauce und grünen Salat.

Grilladen aus der Küche

Hammelmedaillons

500 g Hammelfilet
Salz und Pfeffer
zerlassene Butter
Semmelbrösel

2–3 Zwiebeln, gehackt
½ l Bouillon (Würfel)
saure Sahne
Muskatnuß

Das Fleisch schneiden wir in etwa 2 cm dicke Scheiben, die wir ringsherum an der Kante mit Zwirn umschlingen, um sie ganz rund zu formen. Dann salzen und pfeffern, mit zerlassener Butter bestreichen und in den Bröseln wälzen. Die Zwiebeln in Bouillon dünsten, im Mixer pürieren, dann mit der sauren Sahne binden und kräftig mit Muskatnuß abschmecken.
Die Medaillons nebeneinander auf den Rost legen, mit Butterflöckchen garnieren und in der mittleren Schiene von jeder Seite fünf bis sechs Minuten bräunen. Dann mit der Zwiebelmischung bestreichen und noch einmal zwei Minuten lang in den Grill schieben.

Hammel-Spießbraten

1 kg Hammelbraten (Rücken, Schulter)
1 Knoblauchzehe
1 Zwiebel, halbiert
Salz und Pfeffer
Öl zum Bepinseln
süße Sahne

Das Fleisch wird kräftig mit dem Handballen geklopft, mit Knoblauch und Zwiebel eingerieben, gepfeffert und geölt. Den Drehspieß genau mitten durch das Fleisch stecken. Mit den Mitnehmerspießchen befestigen, vielleicht alles mit einer Schnur fest zusammenbinden, damit das Gewicht sich gleichmäßig verteilt.
Ungefähr 60 Minuten grillen. Ab und zu mit Öl bestreichen.
Die Sauce, die sich in der Auffangschale gesammelt hat, mit etwas süßer Sahne verfeinern und mit Salz und Pfeffer abschmecken. Vielleicht lassen Sie auch von Anfang an eine feingeschnittene Zwiebel in der Soßenpfanne mitdünsten. Zu allen Braten vom Hammel schmecken grüne Bohnen. Nicht zu vergessen die gute englische Pfefferminzsoße, Seite 26.

Hammelschnitzel

4 Schnitzel
1 Knoblauchzehe, zerdrückt
etwas Senf
Butter
Salz

Die Schnitzel werden mit der Hand leicht geklopft. Den Knoblauch vermischen Sie mit dem Senf und bestreichen damit das Fleisch. Die Schnitzel werden nebeneinander auf den Rost gelegt und oben eingeschoben. Jetzt geben wir einige Butterflöckchen aufs Fleisch und grillen von jeder Seite vier bis fünf Minuten. Dann erst salzen wir.
Dazu gibt es körnig gekochten Reis, den man vielleicht mit kleinen Erbsen vermischt hat.

Lammkoteletts mit grünen Bohnen

1 Dose grüne Bohnen
30 g Butter
Salz, weißer Pfeffer
1 Stengel Bohnenkraut
3 EL Wasser
8 Lammkoteletts (je 80 g)
2 EL Öl

Die Bohnen abtropfen lassen. Die Butter in einem Topf erhitzen, die Bohnen dazugeben, mit Salz und Pfeffer würzen und das Bohnenkraut hineinlegen. Wasser dazugeben und 15 Minuten lang dünsten. Die Lammkoteletts an den Rändern etwas einschneiden, trockentupfen, mit Pfeffer einreiben und mit Öl bestreichen. Auf den Rost legen und im vorgeheizten Grill auf der obersten Schiene grillen. Nach etwa acht Minuten wenden. Die Bohnen abschmecken, die Koteletts salzen und auf die Bohnen legen.

Indische Spießchen

(für 6 Personen)
1 kg Lammfleisch, in nicht zu dicken Scheiben
½ TL Ingwer, gemahlen
2 Knoblauchzehen
2 TL grüner Pfeffer, gehackt
1 TL Gelbwurz (Turmeric)
120 ml Joghurt
Saft von 1 Zitrone
Butter
Salz

Die Fleischscheiben auf ein Holzbrett und der Länge nach wie auch quer so einritzen, daß etwa 5 cm große Quadrate entstehen.
Joghurt, Zitronensaft, Gelbwurz, Knoblauch, Ingwer und Pfeffer im Mixer vermischen und mit Salz abschmecken. Diese Mischung in das Fleisch einreiben und dieses 90 Minuten stehenlassen. Dann die Fleischstücke durchschneiden, auf Spießchen stecken, mit zerlassener Butter begießen und im vorgeheizten Grill knusprig werden lassen.

Hammelspießchen türkisch

ca. 200 g Hammelfleisch (Keule oder Filet) pro Person
Salz und Pfeffer
Zwiebelsaft
Joghurt, verquirlt

Das Fleisch in große Würfel schneiden, diese salzen und pfeffern und mit dem Zwiebelsaft übergießen. Dann auf die Schaschlik-Spießchen stecken und bei mäßiger Hitze grillen. Auf einer Platte anrichten, mit dem Joghurt übergießen und Safranreis dazu servieren.

Hammelnieren am Spießchen

ca. 200 g Hammelnierchen pro Person
Salz und Pfeffer
Öl
150 g Speck pro Person
Semmelbrösel

Von den Nierchen die Haut abziehen und alles Fett sorgfältig entfernen. Dann in Viertel schneiden, auf einen Teller legen, salzen, pfeffern und Öl darübergießen. Nun schneidet man den Speck so groß wie die Nierenstücke, reiht sie und den Speck abwechselnd auf Schaschlik-Spießchen und zieht die so vorbereiteten Spießchen durch Semmelbrösel. Gegrillt wird zehn Minuten lang.

Geflügel

Karthagos Feldherr Mago wurde bei den Römern vor allem berühmt durch seine Anleitung über das Halten von Federvieh. Sie wurde ins Lateinische übersetzt. Im grundsätzlichen ist heute noch gültig, was Mago schrieb. Das läßt darauf schließen, daß Huhn, Gans, Ente und Pute schon immer geschätzte saftige Braten lieferten. So ließ man ihrer Aufzucht viel Sorgfalt angedeihen. Wie wir wissen, revanchierten sich die Gänse auf dem Kapitol in Rom für so viel Wertschätzung, indem sie durch heftiges Schnattern die Bewohner vor dem anrückenden Feind warnten. Und die heiligen Hühner Roms entschieden, indem sie Appetit oder Mangel daran zeigten, ob man ein schwieriges Unternehmen beginnen durfte.
Selbstverständlich ist ein frisch geschlachtetes Geflügel immer das beste. Aber in warmen Hochsommer-Wochen können Sie damit Pech haben. Und obwohl sicher auch Sie von leidenschaftlichen Gegnern der Tiefkühlkost belagert werden: Scheuen Sie nicht den Griff in die Truhe! Ob ein Hühnchen auf dem Grill, im Bratrohr oder im Topf gut oder schlecht ist, ist meistens eine Frage Ihres Talents. Napoleons Koch hatte nach der Schlacht von Marengo nichts anderes zur Verfügung als ein Huhn, eine Flasche Wein, ein paar Tomaten, viel Knoblauch, Cognac und Öl. Daraus zauberte er das heute noch berühmte *Huhn Marengo*, über das die meisten Leute – oder jedenfalls die Feinschmecker – mehr wissen als über den Verlauf jener Schlacht.
Haben Sie keine Angst vor Geflügel aus der Tiefkühltruhe.
Ob tiefgekühlt oder frisch: Geflügel ist meistens koch- und bratfertig vorbereitet und dementsprechend auf der Verpackung als *grillfertig* bezeichnet. Das heißt, es ist vollkommen ausgenommen und die verwertbaren Innereien finden Sie in einem Zellophanbeutelchen.
Tiefgekühltes Geflügel lassen Sie vor dem Grillen auftauen. Dann erst läßt sich das Zellophanbeutelchen herausnehmen.
Den Geflügelbraten am Spieß bereiten Sie so vor:

1. Grill anheizen
2. Geflügel innen und außen waschen und mit Küchenkrepp trokkentupfen
3. Innen salzen und eventuell mit Kräutern ausreiben
4. Dressieren. Das heißt, Keulen zusammenbinden und Flügel auf dem Rücken feststecken
5. Das Grillgut auf den langen Drehspieß stecken
6. Von beiden Seiten mit den Mitnehmerspießchen so befestigen, daß die *Zinken* mit ihren Spitzen im Grillgut stecken. Mitnehmerspießchen gut festschrauben
7. Mit Öl oder zerlassener Butter bepinseln
8. Spieß mit Grillgut einhängen. Motortaste drücken. Darauf achten, daß der Spieß gleichmäßig rotiert. Mit mäßiger Hitze grillen.

Besitzen Sie keinen Drehspieß, so machen Sie aus der Not eine Tugend: Entweder spalten Sie die Hähnchen und entfernen die Rückenknochen, damit sie flach liegen können, oder sie halbieren oder vierteln das Hühnchen und braten diese Stücke auf dem Rost oder in einem zusammenklappbaren Drahtgeflecht. Derart zubereitete Stücke schmecken mindestens genausogut. Mit dem rotierenden Spieß ist die *Show* natürlich größer, außerdem hat man die Möglichkeit, Geflügel am Spieß mit einer würzigen Füllung zuzubereiten.

Vom Holzkohlengrill

Hühnchen auf kalifornische Art

(für 6 Personen)
3 Brathühnchen
Olivenöl

Sauce:
110 g Butter
1 Knoblauchzehe
½ Tasse grüne Oliven, entkernt und in Scheibchen geschnitten
½ Tasse schwarze Oliven, entkernt und in Scheibchen geschnitten
4 reife feste Tomaten, geschält und gewürfelt.

Pro Person rechnet man ein halbes Brathühnchen. Die Hälften werden mit Olivenöl eingepinselt und auf jeder Seite bis zu 30 Minuten gegrillt, wobei man so beginnt, daß die Hautseite mit der Keule daran nach oben liegt.
Für sechs Portionen bereitet man eine Sauce wie folgt:
Butter und Knoblauch gibt man zusammen in die Pfanne. Ist die Butter flüssig, entfernt man die Knoblauchzehe. Dann fügt man die anderen Zutaten bei und dünstet so lange, bis die Sauce etwas sämig ist. Man gibt sie heiß über das fertige Huhn.

Hühnerbrust indisch

Marinade:
⅛ l Mangosaft aus der Dose
3 EL Limettensaft
5 EL Sonnenblumenöl
4 EL Honig
½ TL Salz
1 Schalotte, feingehackt
1 TL Currypulver
weißer Pfeffer aus der Mühle
etwa 30 g frische Ingwerwurzel, geschält fein gewürfelt

4 Hühnerbrusthälften, ohne Knochen
3–4 größere Mangostücke, geschält, in breite Streifen geschnitten

Das Hühnerfleisch leicht salzen und die Teile nebeneinander in eine flache Form legen. Für die Marinade alle Zutaten, einschließlich Ingwer, miteinander verrühren und dann über die Hühnerbrusthälften geben. Das Ganze zugedeckt über Nacht im Kühlschrank marinieren. Zum Grillen das Hühnerfleisch eine Stunde vorher aus dem Kühlschrank und aus der Marinade nehmen und abtropfen lassen. Beim Holzkohlengrill sollte die Glut mit einer weißen Ascheschicht überzogen und der Rost sollte 12–17 cm von der Hitzequelle entfernt sein. Dann die Fleischteile mit der Hautseite nach unten auf den Rost legen.
Je nach Größe die Teile auf jeder Seite acht bis zehn Minuten grillen. Häufig mit der Marinade bestreichen, damit das Fleisch nicht austrocknet. Es ist gegart, wenn an der dicksten Stelle klarer Saft austritt,

wenn man hineinsticht. In den letzten Grillminuten die Mangostücke auf die Hühnerbrusthälften legen und ebenfalls noch mit der Marinade bestreichen.
Dazu gibt es Naturreis. *Foto links*

Paprikahühnchen

2 Brathühnchen

Marinade:
¼ l Olivenöl
2–3 Knoblauchzehen, zerdrückt
4 gehäufte EL Paprikapulver, edelsüß
Salz und Pfeffer

Die Hühnchen werden geviertelt, kurz gewaschen und mit Küchenkrepp trockengetupft. Nun vermischt man Knoblauch und Paprika mit dem Öl und gießt diese Marinade über die Hühnchenviertel. Darin bleiben sie drei bis vier Stunden. Jede halbe Stunde werden sie gewendet. Dann würzen wir die Viertel mit Salz und Pfeffer und grillen sie auf heißer Glut, wobei sie immer wieder mit der Marinade bestrichen werden.

Cowboy-Huhn

1 großes Huhn

Sauce:
60 ml Apfelessig
4 cl Öl
1½ TL Worcestershiresauce
½ TL Zwiebel, feingehackt
1 Knoblauchzehe, zerdrückt
3 TL Salz
1 TL Paprikapulver, edelsüß
½ TL Tomatenpüree
6–8 Tropfen Tabascosauce
¼ TL Senfpulver

Einen Tag, bevor man dieses Cowboy-Huhn brät, bereitet man aus den Zutaten eine Sauce:
Alles mischt man gut, damit die Gewürze gut einziehen. Diese Sauce bleibt bis zum nächsten Tag stehen.
Dann zerteilt man ein schönes, großes Huhn in vier Teile, bepinselt jedes mit zerlassener Butter und legt sie fünf bis sechs Minuten auf den Grill, damit sich die Poren gut schließen. Dann wendet man und bestreicht mit der vorbereiteten Sauce. Alle drei bis fünf Minuten wird wieder gewendet, wobei man immer wieder die Viertel neu mit der Sauce bepinselt. Grillzeit etwa 35 Minuten.

Hähnchen mit Rosmarin

Marinade:
60 ml Olivenöl
70 g Butter, zerlassen
60 ml Weißwein
1 TL Salz
¼ TL Pfeffer, frisch gemahlen
1 TL Rosmarinblätter, zerstoßen
1 Knoblauchzehe, zerdrückt

2 Brathähnchen, halbiert

Alle Zutaten zur Marinade werden vermischt und gut erhitzt. Die Hähnchenhälften bestreicht man damit innen und außen und grillt sie, zuerst mit der Keule nach oben. Man wendet alle zehn Minuten und bestreicht immer wieder mit der Marinade, die man am Rand des Grills heiß hält. Gesamtgrillzeit etwa 45 bis 60 Minuten.

Hühnerkeulen mit Barbecuesauce

Barbecuesauce, Seite 31
6–10 Hühnerunterschenkel
Öl für den Grillrost

Zuerst die Barbecue-Sauce nach Anweisung zubereiten. Je nach Anzahl der Hühnerkeulen und der Anzahl der Gäste die Menge eventuell verdoppeln.
Zum Grillen die Hühnerschenkel mit der Sauce bestreichen und den Grillrost leicht einölen. Bei starker Hitze die Schenkel etwa zehn Minuten grillen. Dabei häufig wenden und mit der Sauce bestreichen. Nach zehn Minuten die Schenkel am Rand des Rostes, also bei schwächerer Hitze, noch zehn bis 15 Minuten fertig grillen. Dabei wieder wenden und mit Sauce bestreichen.
Das Fleisch ist gar, wenn an der dicksten Stelle klarer Saft austritt, wenn man hineinsticht.
Dazu gibt es die restliche Barbecuesauce und Stangensellerie zum Dippen. Die Hühnerkeulen können natürlich auch mit Joghurtmarinade, Seite 22, oder mit Sherrysauce, Seite 25, zubereitet werden.
Foto rechts

Indonesische Hühnerspießchen

1 Brathuhn, roh

Marinade:
60 ml Kokosmilch
3 cl Sojasauce
1 EL brauner Zucker
1 TL Turmeric, gemahlen
1 TL Koriander, gemahlen
½ TL Kümmel, gemahlen
½ TL Ingwer, gemahlen
2 Knoblauchzehen, zerdrückt
1 Zwiebel, gerieben
1 Prise Cayennepfeffer

Das rohe Huhn in mundgerechte Stücke zerteilen. Die restlichen Zutaten zur Marinade vermischen und das Hühnerfleisch darin mindestens eine Stunde, besser aber über Nacht, ziehen lassen. Die Hühnerfleischstückchen auf Spießchen reihen und unter ständigem Wenden und Bestreichen mit der Marinade über der Glut gar werden lassen. Mit der Gabel probieren, ob die Spießchen fertig sind.

Huhn-Gemüse-Spieße mit Yakitori-Sauce

1 mittelgroßes Hähnchen
1 Bund Frühlingszwiebeln
1 Stange junger Lauch (nicht die grünen Blätter)
1 rote Paprikaschote
etwa 300 g mittelgroße Köpfe von Champignons oder Egerlingen

Yakitori-Sauce:
6 cl süßer Reiswein
6 cl Sojasauce
½ TL Farinzucker
½ TL frisch geriebener Ingwer
½ TL Pfeilwurzelmehl

Zuerst die Sauce bereiten: In einem kleinen Topf werden Reiswein, Sojasauce, Zucker und Ingwer stark erhitzt und dann mit dem angerührten Pfeilwurzelmehl angedickt. Einmal aufwallen und die Sauce abkühlen lassen.
In der Zwischenzeit das Hähnchenfleisch von den Knochen lösen und in etwa 2×2 cm große Würfel oder Stücke schneiden, ebenso die Paprikaschote. Den Lauch in 1 cm dicke Ringe schneiden. Fleisch und Gemüse werden bei diesem Gericht traditionell auf Bambus- oder Holzspießchen gegrillt. Dazu müssen diese vor dem Grillen 20 Minuten in Wasser gelegt werden.
Dann steckt man abwechselnd Fleisch, Gemüse und Pilze sehr dicht auf die Spieße und ölt den Grillrost gut ein. Die Spieße werden dick mit der Sauce bestrichen, am besten eingetaucht, und dann auf dem Rost un-

ter häufigem Wenden gegrillt. Nach etwa acht bis zehn Minuten werden sie wieder mit der Sauce bestrichen, damit sie schön knusprig werden. Die restliche Sauce wird zu den fertigen Spießen gereicht. *Foto links*

Hühnerleberspießchen

Etwa 16 Hühnerlebern
100 g Frühstücksspeck
1 kleine Dose Champignons
Salz, Pfeffer
etwas zerlassene Butter
Öl für den Grillrost

Die Lebern putzen und unter kaltem Wasser abspülen. Mit Küchenkrepp trockentupfen und halbieren. Speck in Scheibchen schneiden, Champignons waschen und abtropfen lassen. Abwechselnd Leber, Speck und Champignons auf die Spieße stecken und mit Salz und Pfeffer würzen. Den Grillrost leicht einölen und die Spieße über mittlerer Hitze grillen, bis der Speck schön knusprig ist. Dazu schmeckt Weißbrot und gemischter Salat.

Gefüllter Truthahn vom Spieß

(für 6–8 Personen)
1 junger Truthahn, bis zu 3 kg schwer
Butter zum Bestreichen

Füllung:
80 g Butter, zerlassen
1½ TL Salz
¼ TL Thymian
¼ TL Majoran
¼ TL Rosmarin
¼ TL Pfeffer
60 ml Milch
3 EL Zwiebeln, gehackt
genügend Semmelbrösel

Zuerst bereiten Sie die Füllung vor. Dann wird der Truthahn mit kaltem Wasser gut abgewaschen und mit Küchenkrepp trockengetupft. Den Hals schneidet man ab. Das Innere wird mit Salz eingerieben, dann füllt man ihn locker mit der Farce. Am besten näht man die offenen Stellen mit festem Zwirn zu. Die Beine und Flügel werden zusammengebunden und der ganze Truthahn mit ungesalzenem Fett eingepinselt. Dann steckt man ihn auf den Spieß, versieht ihn mit einem Bratenthermometer an der dicksten Stelle (es darf weder Knochen noch Spieß berühren!) und befestigt den Spieß am Grill. Die Auffangschale für den Saft nicht vergessen darunterzustellen! Während des Grillens bestreicht man des öfteren mit zerlassener Butter und dem heruntergetropften Saft. Pro Pfund rechnet man mit einer Garzeit von etwa 20 Minuten. Wenn der Truthahn gar ist, nimmt man ihn vom Spieß, entfernt das Thermometer und läßt den Vogel etwa zehn Minuten ruhen. Erst dann wird er aufgeschnitten.
Für diesen größeren Braten eignet sich am besten ein Grillgerät, das oben zu ist, weil dann die Hitze größer ist. Reste der Füllung kann man in dicke Alufolie wickeln und in den letzten 45 Minuten mitgrillen.
Während des Grillvorgangs kann der Truthahn auch mit einer Barbecuesauce bestrichen werden.

Junger Truthahn

(für 6–8 Personen)
1 Truthahn, etwa 3 kg schwer
Salz und Pfeffer
⅛ l Barbecuesauce, Seite 31
1 Spritzer Liquid Smoke
zerlassene Butter

Den Truthahn zerlegen Sie in vier Stücke, genauso, wie Sie es mit einem Hühnchen tun würden. Die Stücke gibt man zuerst in eine flache Pfanne. Man salzt und pfeffert sie und gießt dann die Barbecuesauce darüber, der man den Liquid Smoke zugesetzt hat. Man mariniert mindestens fünf Stunden, am besten über Nacht.
Vor dem Grillen ritzt man die Haut des Truthahns mehrfach leicht ein und reibt die Marinade *unter* die Haut, direkt auf das Fleisch. Die Haut darf aber dabei nicht abgehen! Jetzt erst grillt man die Stücke bis zu 45 Minuten, indem man sie oft wendet und mit zerlassener Butter bestreicht.

Chinesische Ente

2 bis 3 möglichst kleine junge Enten
(für 6–8 Personen)

Marinade:
⅛ l Sherry
3 EL Honig
1 EL Sojasauce
1 TL Ingwerpulver
1 TL Senfpulver

Sie bereiten die Marinade und teilen die Enten in Viertel. Von den Entenvierteln entfernen Sie alles Fett. Dann bestreichen Sie die Stücke gründlich mit der Marinade, zu der Sie die oben genannten Zutaten gut vermischt haben.
Stellen Sie alles mindestens für einige Stunden, am besten aber über Nacht, in den Kühlschrank. Dann grillen Sie die Stücke etwa eine dreiviertel Stunde unter ständigem Wenden und bestreichen die Viertel immer wieder mit der restlichen Marinade.

Ente à la Maison

1 junge Ente
Sojasauce
zu gleichen Teilen Honig und Sojasauce

Die Ente wird in vier Stücke zerlegt. Jedes Viertel reibt man gut mit Sojasoße ein. Man grillt über mittelheißer Glut, zuerst wieder mit der Fleischseite nach unten, Haut nach oben. Dann dreht man die Stücke um und grillt weiter, bis die Haut knusprig braun

und das Fleisch gabelweich ist. Das dauert etwa 45 bis 60 Minuten.
Ist das Fleisch fast fertig, bepinselt man es mit Honig und Sojasauce.

Grilladen aus der Küche

Thymian-Ente

1 bratfertige Ente
Salz und Pfeffer
einige Zweiglein Thymian
Thymianblüten
1 Zwiebel, feingehackt
einige Stengel Petersilie, feingehackt
2 EL herber Weißwein
2 EL Wasser

Aus dem Bauch der Ente nehmen wir das Fett und lassen es aus. Dann geben wir in das Innere Salz und Pfeffer sowie die Thymianzweiglein. Wir dressieren die Ente, stecken sie auf den Drehspieß und grillen. Dabei häufig mit dem Fett begießen.
In die Soßenpfanne geben wir den kleingewürfelten Magen, die Zwiebel und die Petersilie.
Die Ente bleibt etwa 45 bis 50 Minuten am Spieß. Ihr Fleisch sollte noch ein wenig rosig schimmern. Etwa drei Minuten vor dem Herausnehmen bestreuen wir die ganze Oberfläche der Ente mit den Thymianblüten. Der Soße fügen wir den Weißwein und das Wasser hinzu und schmecken sie mit Salz und Pfeffer ab.

Ente mit Orangen

1 Ente
1 unbehandelte Orange
½ Zitrone
Salz und Pfeffer
fetter Speck, in Scheiben
3–4 kernlose Orangen
1 Gläschen Curaçao Orange

Sie können das mit einer *zivilen* Ente bereiten. Aber falls Sie das Glück haben, einmal irgendwo eine Wildente zu erwischen, so nehmen Sie die!
Die Orange schälen wir sehr dünn und geben die Schale innen in die Ente. Das Fleisch reiben wir mit der Zitrone gründlich ab. Nun salzen und pfeffern wir und dressieren die Ente. Die Brust belegen wir mit Orangenscheiben. Drum herum wird fetter Speck gewickelt, und das Ganze verschnüren wir zu einem Paket. So vorbereitet wird die Ente auf den Spieß gesteckt und je nach Größe 25 bis 35 Minuten gebraten. Dabei muß man sie ständig mit ihrem eigenen Fett begießen.
Danach schneiden wir die Schenkel ab und legen sie bei beheiztem Gerät in die Auffangschale, um sie völlig gar werden zu lassen.
Die kernlosen Orangen schälen wir mit einem scharfen Messer, teilen sie in Viertelchen und übergießen diese mit dem Curaçao.
Die Brust schneiden wir in dünne Scheiben und richten diese auf einer vorgewärmten Platte an. Aus dem Rest der Ente pressen wir alles restliche Blut heraus. Zu diesem Saft geben wir den Curaçao (ohne die Orangenviertelchen) und würzen nach Geschmack. Diese Soße gibt man über die Brustscheiben und schiebt nochmals kurz in den Grill. Dann arrangiert man die Schenkel und Flügel rundherum und belegt die Brustscheiben mit den kleinen Orangenviertelchen.
Das ist schon ein elegantes Essen, und Sie werden dazu neigen, sich die scheinbar viele Mühe nur bei besonderen Anlässen zu machen. Aber Sie wollen ja mit Ihrem Grillgerät zaubern und kombinieren. Und eine Ente eignet sich dazu eben besonders gut, weil ihr Fleisch köstlich ist. Bedenken Sie, daß Karl II. von England nie seinen Hut vor einem Menschen, stets jedoch vor einem gelungenen Entenbraten zog.

Hähnchen mit Sahne

1 Brathähnchen
Salz und Pfeffer
80 g zerlassene Butter
4 EL süße Sahne

Diesmal salzen und pfeffern wir das Hähnchen innen und außen und grillen, bis das Hähnchen schön goldbraun ist, wobei wir es immer wieder mit Butter bepinseln. Dann gibt man die süße Sahne in die Soßenpfanne, vermischt sie mit dem heruntergetropften Fett und bestreicht mit dieser Mixtur das Hähnchen während der letzten Phase der Grillzeit immer wieder.

Gefülltes Hähnchen mit Champagner

1 großes Brathähnchen
Salz und Pfeffer
Butter
250 g kleine gesäuberte Champignons
1 großes Glas trockener Champagner
etwas süße Sahne

Die Pilze in der Butter andünsten und in das Hähnchen füllen. Dieses innen und außen salzen und pfeffern, auf den Drehspieß stecken und grillen wie oben beschrieben.
Zu dem Saft, der sich in der Soßenpfanne sammelt, gibt man den Champagner, kocht die Soße zehn Minuten lang ein, gibt die Pilze aus dem Hähnchen dazu und verfeinert mit etwas frischer süßer Sahne.

Täubchen am Spieß

4 junge Täubchen
4 größere Speckscheiben
4 EL Butter

In die ausgenommenen Täubchen gibt man die Lebern zurück ins Innere und fügt pro Taube einen Eßlöffel Butter hinzu. Dann salzt und pfeffert man sie und umwickelt sie mit den Speckscheiben. Bei ziemlich starker Hitze brauchen die Täubchen etwa 20 bis 25 Minuten. Dazu schmecken kleine grüne Erbsen.

Brathähnchen am Spieß

1 großes Brathähnchen
75 g Butter
Salz und Pfeffer
Saft von ¼ Zitrone
125 g zerlassene Butter
Paprika

Die 75 g Butter mit dem Zitronensaft vermengen und mit Salz und Pfeffer würzen. Diese Mischung in das Hühnchen geben und es dressiert auf den Spieß stecken. Die zerlassene Butter mit etwas Paprika vermengen und damit das Hühnchen während des Grillens bepinseln. Aus dem Bratensaft und der Butterfüllung entsteht eine Soße, die extra serviert wird. Grillzeit – je nach Größe – etwa 60 bis 70 Minuten. Dazu gibt es Kartoffelsalat. *Foto links*

Hühnerleber am Spießchen

1 Packung Hühnerlebern, tiefgefroren und aufgetaut
etwas Milch
200 g Räucherspeck
4 Champignonköpfe pro Spieß
Salz und Pfeffer
evtl. etwas Butter
Lorbeerblätter
zerlassene Butter
Semmelbrösel

Die aufgetauten Hühnerlebern teilt man in möglichst gleich große Stücke und legt sie, damit sie ihren eventuell bitteren Geschmack verlieren, zwei Stunden lang in etwas Milch.
Den Räucherspeck schneidet man in Stücke, die genauso groß sind wie die Hühnerleberstücke, und bereitet ferner einige Champignonköpfe vor.
Jetzt brät man den Speck in einer Pfanne ganz leicht an, nimmt ihn heraus und legt ihn beiseite. Die Leber wird aus der Milch genommen, vorsichtig trockengetupft, gesalzen und gepfeffert und zusammen mit den Pilzköpfen im Speckfett angebraten. Notfalls gibt man noch etwas Butter hinzu.
Auf die kleinen Schaschlik-Spießchen steckt man nun abwechselnd ein Stück Leber, ein Schnipselchen Lorbeerblatt, einen Speckwürfel und einen Pilzkopf. Die so vorbereiteten Spießchen taucht man in zerlassene Butter, wälzt sie in Semmelbröseln und grillt sie zehn Minuten lang. Servieren Sie dazu Kartoffelstroh, das heißt streichholzdünn geschnittene, fritierte Kartoffeln.

Gegrilltes Perlhuhn

2 küchenfertige Perlhühner (je 850 g)
Salz
weißer Pfeffer
50 g Butter
50 g Semmelbrösel
4 EL Öl
⅛ l heißes Wasser
2 cl Cognac
3 EL Ananassaft (Dose)
1 TL Speisestärke
2 Bananen
20 g Butter
Petersilie, gehackt

Perlhühner sind relativ selten auf dem Markt, in Fachgeschäften jedoch manchmal erhältlich. Sie sind klein, und ihr dunkles, aromatisches Fleisch ist eine Delikatesse.
Die Hühner werden innen und außen gewaschen, mit Küchenkrepp trokkengetupft und mit Salz und Pfeffer eingerieben.
Die Butter erhitzen, die Perlhühner erst in der Butter, dann in Semmelbröseln wenden und mit dem Öl bestreichen. In der restlichen Butter rundherum fünf Minuten anbraten, dann den Topf verschließen und bei geringer Hitze weitere 25 Minuten braten.
Aus dem Topf nehmen, auf den Rost legen und unter den vorgeheizten Grill schieben. Zehn Minuten grillen und während dieser Zeit einmal wenden.
Den Bratfond in der Fettpfanne mit heißem Wasser loskochen, den Cognac und den Ananassaft dazugeben. Die Stärke wird mit etwas kaltem Wasser angerührt, zur Soße gegeben und unter ständigem Rühren aufgekocht. Mit Salz und Pfeffer abschmecken.
Die restliche Butter in einer Pfanne erhitzen und die halbierten Bananen darin auf jeder Seite goldbraun braten. Die Perlhühner anrichten, mit den Bananen und der Petersilie garnieren. Die Sauce extra reichen.

Hähnchen mit Bananen und Ananas

1 Brathähnchen
4 Ananasringe
2 Bananen
geröstete Mandelsplitter
Pfannkuchenteig

Das Brathähnchen wie oben beschrieben am Spieß grillen. Währenddessen den Pfannkuchenteig zubereiten (gibt es als fertig vorbereitete Mischung!). Die Bananen halbieren, durch den Teig ziehen und in schwimmendem Fett herausbacken. Die Ananasringe in etwas Butter in einer Pfanne leicht anbraten. Das Hähnchen anrichten, mit Bananen und Ananasscheiben, die man mit gerösteten Mandelsplittern bestreut hat, garnieren. Dazu schmeckt körnig gekochter Reis.

Wild und Wildgeflügel

Nicht vor Mitte August, hieß es früher, soll man das Hirschfleisch essen. Dann ging die Jagd an – aber es gab noch einen anderen, gewichtigeren Grund für diesen Termin. Im Sommer hätte das Fleisch nicht nur den *haut goût* produziert, den viele für wünschenswert hielten – es wäre schlicht und einfach verdorben!
Apropos haut goût: Ich glaube, der berühmte Brillat-Savarin saß einem gigantischen Irrtum auf, wenn er meinte, den Geschmack von Wildbraten zu verbessern, wenn er die Stücke tagelang in den Taschen seines weiten Richtertalars umhertrug. Leider scheint er nie in die Lage gekommen zu sein, einen Schriftsteller zu verurteilen. Denn sonst wüßten wir vielleicht, wie es bei Brillat-Savarins Sitzungen im Gerichtssaal schließlich gerochen hat!
Heute haben wir es einfacher. Tiefgefroren übersteht Wild auch die heißesten Sommertage. So können wir das ganze Jahr über herrliche Wildgerichte zaubern, und sie sind nicht einmal sehr teuer.

Grilladen aus der Küche

Hirschlende mit Banane

1 Hirschlende, 400–500 g
1 TL Senf
1 EL Öl
Salz und Pfeffer
1 Spritzer Worcestershiresauce
1 große Scheibe Speck
1 Banane

Öl, Senf, Worcestershiresauce, Salz und Pfeffer werden vermischt. Damit reiben wir die Hirschlende ein. Sie kommt mit der Unterseite nach oben auf den Rost und wird mit der Speckscheibe abgedeckt. Sobald dieser Speck dunkel zu werden beginnt und sich in der Auffangschale genügend flüssiges Fett vom Speck angesammelt hat, entfernen wir ihn wieder. Nach etwa zehn Minuten Grillzeit von beiden Seiten ist die Lende innen noch rosig und ganz zart. Nun schneiden wir die Banane in schräge Scheibchen, beträufeln sie mit Zitronensaft und legen sie fächerfömig und dicht nebeneinander auf das Fleisch. Alles nochmals kurz übergrillen.

Hirschsteaks

500 g Hirschbraten von der Keule
zerstoßene Wacholderbeeren
⅛ l Öl
Salz und Pfeffer
gehackte Kräuter (Petersilie, Schnittlauch)

Das Fleisch in Scheiben schneiden und mit den Wacholderbeeren einreiben. Dann Öl, Salz, Pfeffer und gehackte Kräuter vermischen. Die Steaks für eine halbe Stunde in diese Marinade legen. Im gut vorgeheizten Grill auf dem Rost von jeder Seite drei bis vier Minuten grillen. Dazu schmecken Rotkraut, Kartoffelpüree und Preiselbeeren.
Das Rotkraut schmeckt besonders gut, wenn man zum Schluß etwas geriebene Zitronenschale daruntermengt.

Rehmedaillon am Spießchen

Pro Person und Spießchen:
150 g gehäutete Rehlende
3–4 Stückchen Frühstücksspeck
Salz und Pfeffer, Öl
Ananasstückchen
einige Apfelschnitze

Die Rehlende wird in Medaillons geschnitten. Öl, Salz und Pfeffer vermischen wir gut und wenden die Fleischstücke darin. Abwechselnd mit Speck, Apfelschnitten und Ananasstückchen stecken wir sie auf die Spießchen vom Schaschlik-Einsatz. Grillzeit etwa 15 bis 20 Minuten.

Rehrücken vom Rost

1 gespicktes Lendenstück vom Rücken
Öl
Salz und Pfeffer
80 g zerlassene Butter
etwas süße Sahne

Mit einer Geflügelschere durchtrennen Sie die Wirbelsäule an mehreren Stellen zwischen den Wirbeln, damit sich der Rücken beim Grillen nicht wölbt. Dann reiben Sie das Fleisch mit Öl, Salz und Pfeffer ein und legen es mit der Fleischseite nach oben auf den Rost. Nach etwa zehn Minuten wenden. Die Unterseite nur ganz kurz grillen, wieder wenden und nun den Rost ganz unten einschieben. Ist der Braten schon sehr braun, so vermindern Sie die Hitze. Natürlich bepinseln wir zwischendurch die Oberfläche immer wieder mit zerlassener Butter. Das wenige heruntergetropfte Fett mit etwas Wasser aufgießen und mit der Sahne verfeinern. So bekommen wir eine ausgezeichnete Sauce.

Rehkeule

1 gut abgehangene Rehkeule, entbeint
etwas Senf
Wacholderbeeren, zerdrückt
Salz
1 große Speckscheibe
etwas süße Sahne

Am besten lassen Sie sich die Rehkeule von Ihrem Wildhändler entbeinen. Dann wischen Sie sie mit einem feuchten Tuch ab, reiben das Fleisch innen mit Senf und Wacholderbeeren ein und salzen es dann von beiden Seiten. Zusammen mit der Speckscheibe binden wir nun das Fleisch zu einer festen Rolle, die wir auf den Drehspieß stecken. Grillzeit bis zu zwei Stunden.
Der heruntergetropfte Saft wird mit etwas süßer Sahne verfeinert. Als Beilagen schmecken Kartoffelkroketten und gegrillte Birnenhälften, die man mit Preiselbeeren füllt.

Gegrillte Wachteln

8 Wachteln
8 Scheiben Speck
75 g Butter, zerlassen
Salz, Pfeffer

Die Wachteln salzen und pfeffern und vollständig in die Speckscheiben einwickeln. Gut zusammenbinden. Dann auf den Grillspieß stecken und bei starker Hitze etwa 15 Minuten garen. Immer wieder mit der zerlassenen Butter begießen. Dazu gibt es Bauernbrot und feines Weinsauerkraut. *Foto links*

Fasan am Spieß

1 bratfertig vorbereiteter Fasan
Salz
Speckscheiben
80 g zerlassene Butter
2 cl Cognac
evtl. 4 Scheiben Toast
Gänseleberpastete

Der Fasan wird innen leicht gesalzen. Außen herum legt man die Speckscheiben, die gut festgebunden werden wie auch die Beine und die Flügel. Auf den Drehspieß stecken, Mitnehmerspieße sorgfältig festmachen. Mindestens 30 bis 35 Minuten grillen, bis der Fasan schön knusprig aussieht. Etwa zehn Minuten vor Ende der Grillzeit entfernen Sie den Speck und bepinseln den Fasan mit der zerlassenen Butter. Den Saft, der sich innen im Fasan gesammelt hat, gibt man in die Saucenpfanne und gießt mit ein wenig heißem Wasser auf.
Entweder übergießen Sie nun den Fasan mit Cognac und flambieren, oder, wenn's ganz teuer und festlich sein soll, tun Sie folgendes: Rösten Sie pro Person eine Scheibe Toast und bestreichen Sie diese mit Gänseleberpastete. Dann richten Sie den Fasan auf einer großen vorgewärmten Platte an, bedecken ihn wieder mit den Speckscheiben und legen die *Croutons* mit der Gänseleberpastete drum herum.
Den Saft serviert man extra in einer Sauciere.

Fasan vom Rost

1 vorbereiteter Fasan
Saft von 2 Zitronen
etwas Salz
Olivenöl

Der Fasan wird der Länge nach in zwei Teile geschnitten. Die Hälften würzt man mit Zitronensaft und Salz und pinselt sie dann mit Olivenöl ein. Auf dem Rost werden die Fasanhälften auf jeder Seite etwa 15 Minuten schön goldgelb gebraten. Dazu schmecken Bratkatoffeln und feine Gemüse.

Fasan spezial

1 bratfertig vorbereiteter Fasan
2 Petit Suisses
½ Gläschen Marie-Brizard
80 g zerlassene Butter
4 geröstete Weißbrotscheiben

Dieses Rezept fand ich in einem alten französischen Kochbuch. Dazu müssen zwei Dinge vorher besorgt werden: Marie-Brizard-Likör und frischer Petit-Suisses-Käse. Beides bekommt man nur in erstklassigen Feinkostgeschäften.
Man vermischt die Petit-Suisses-Röllchen mit dem Likör und füllt diese Mischung in den Fasan. Am Spieß grillen Sie ihn nun ganz einfach wie ein Hähnchen. Immer wieder mit zerlassener Butter begießen.
Serviert wird diese Köstlichkeit auf gerösteten Weißbrotscheiben.

Fische und Schaltiere

Sind Sie so glücklich, einen Sportfischer zu kennen? Für Ihre Fischgrillorgien halten Sie sich unbedingt an diesen Mann! Grund eins: Leute, die selbst fischen, machen sich meistens nach einiger Zeit nur noch wenig aus Fisch, und sie sind froh, wenn ihnen jemand die Beute abnimmt.
Grund zwei: Schon gar kein toter Fisch und selbst nicht ein *lebender* vom Markt kommt dem frisch gefangenen Fisch gleich. Ein Marktfisch befindet sich stundenlang im Frischwasser, ist deshalb meistens *ausgewässert*, sozusagen saubergespült, und alles, was er vom Duft der Seen und Bäche mitbringen sollte, ist längst in die Abwasserröhren geflossen.
Tiefgefrorene Fische oder Schaltiere sind eine der besten Notlösungen. Beim Einkauf muß man aber darauf achten, daß die Verpackung unbeschädigt und der Inhalt voll hartgefroren ist. Für Fisch darf das Feuer nicht zu heiß sein. Die beste Art, Fisch zu grillen, ist, wenn man ihn – ausgenommen natürlich! – in einen Spezialbehälter aus Draht einklemmt. Ganze, bis 3 kg schwere Fische brauchen bis 45 Minuten auf dem Rost. Kleinere Fische kann man auch in Alufolie wickeln und direkt auf die Kohlen legen; in 15 bis 20 Minuten sind sie gar. Fischkoteletts oder -filets entweder auch in Alufolie wickeln oder aber ins Drahtgeflecht einspannen.
Auf Holzkohlen gegrillte Hummer sind besonders delikat. Der fertiggegrillte Hummer wird gespalten, man entfernt den Magen und füllt mit Butter. Ein ca. 600 g wiegender Hummer braucht etwa 15 Minuten.
In Amerika üblich: in der Schale gegrillte Austern. Sie haben ein einzigartiges, rauchiges Aroma. Gegrillt wird, bis sich die Schalen öffnen. Vielleicht probieren Sie es mal aus.
Auch wenn Sie in der Küche grillen, werden tiefgekühlte Fische nicht vorher aufgetaut. Trotzdem verlängert sich die Grilldauer nicht wesentlich, wenn Sie den Fisch zehn Minuten bei niedrigster Heizstufe in den angeheizten Grill schieben und ihn dann erst fürs Grillen vorbereiten.
Kleine Süßwasser- und Meeresfische im ganzen schmecken ebensogut wie große in Scheiben.
Da die Haut beziehungsweise das Fleisch der Fische leicht anhängt, sollten Fische immer, egal ob Sie draußen oder drinnen grillen, auf einer gutgeölten Unterlage auf oder unter den Grill kommen.
Fische mit sehr hellem Fleisch bestreuen Sie bitte immer außen leicht mit Mehl, damit die äußere Schicht an Festigkeit gewinnt.
Bei Süßwasserfischen, die unter dem Grill gebraten wurden, sollte, wenn sie fertig sind, die Haut leicht gebräunt sein. Grundsätzlich eignen sich zum Grillen jeder Art Forelle, Felchen/Renke, Äsche, Hecht, Zander, Huchen, Karpfen, Waller, Lachs.
Bei Fischscheiben muß sich das Fischfleisch unmittelbar an der Gräte gelöst haben.
Von den Meeresfischen eignen sich: Steinbutt, Heilbutt, Seehecht, Seezunge, Flunder, Scholle.
Benutzen Sie auch fürs Grillgerät Alufolie, wenn Sie Fisch einmal anders zubereiten wollen. Verpacken Sie den ganzen Fisch, die Fischscheiben oder Fischfilets so, daß die Folie wirklich sorgfältig geschlossen werden kann. Soll der Folienfisch ein wenig gebräunt sein, geben Sie ihn, wenn er fast gar ist, noch einmal kurz in der geöffneten Folie unter den Grillstab.
Ob Sie nun Ihre Fischspeisen so oder so zubereiten: immer erst von allen Seiten mit Zitronensaft beträufeln, dann salzen und mit Pfeffer bestreuen. Ausnehmen und Abschuppen übernimmt hoffentlich der Händler oder der sportfischende Spender.
Auch für das Grillen auf dem Stein eignen sich Fische besonders gut. Diese uralte Garmethode, die sich erst in letzter Zeit bei uns durchgesetzt hat, ist die schonendste Methode, Fisch zu garen. Ohne Rauchentwicklung und bei mittlerer Hitze entfalten sich die Aromastoffe des Fisches in außerordentlicher Weise.
Zum Grillen auf dem Stein eignen sich besonders Schollen, Brassen (Doraden), Sardinen, überhaupt alle flachen und kleinen Fische, auch Filetscheiben und Koteletts.

Vom Holzkohlengrill

Fisch mit Kräutern

1 oder mehrere Fische
Öl zum Bepinseln
Salz und Pfeffer
einige Fenchelblätter
Cognac zum Flambieren
verschiedene getrocknete Kräuter
Zitronenviertelchen

Diese Zubereitungsart ist in der Provence sehr verbreitet. Man kann dazu jeden ganzen, festfleischigen Fisch verwenden.
Der Fisch wird gesäubert. Wenn Sie wollen, können Sie auch den Kopf entfernen. Auf beiden Seiten bekommt der Fisch einige diagonale Einschnitte. Man bepinselt nun den Fisch mit Öl und bestreut ihn mit Salz und Pfeffer. Auf beide Seiten legt man einige Fenchelblätter. Dann legt man den Fisch in ein zusammenlegbares Gittergeflecht. Wenn Sie keinen Fenchel haben, verwenden Sie Thymian- oder Lorbeerblätter, vorzuziehen als Stengel oder Zweige. Auch mit getrockneten Kräutern geht's!
Der Fisch wird auf beiden Seiten gleichmäßig gebraten, wobei man ihn von Zeit zu Zeit mit Öl bepinselt. Wenn er fertig ist, arrangiert man ihn auf einer feuerfesten Platte und garniert ihn mit getrockneten Kräutern, die man mit Cognac flambiert. Man serviert mit Zitronenvierteln. Sehr gut schmeckt Remouladensauce dazu.

Gegrillte Thunfischkoteletts

4–6 Thunfischkoteletts
(je etwa 180–200 g)
etwas Salz

Marinade:
¼ l kaltgepreßtes Olivenöl
2 EL Rosmarinblättchen
1 Schalotte, fein gehackt
1 Knoblauchzehe, zerdrückt
4 Lorbeerblätter
4–6 kleinere Salbeiblätter
2 TL Senfkörner
1 TL schwarze Pfefferkörner

Alle Zutaten zur Marinade in einer großen Schüssel miteinander vermischen. Die Koteletts mehrmals darin wenden und dann zugedeckt bei Zimmertemperatur drei Stunden marinieren. Dann leicht mit Salz bestreuen und über starker Hitze auf dem Rost von jeder Seite etwa vier bis sechs Minuten grillen. Dazu gibt es Zitronensauce (Seite 29) und Stangenbrot.

Gegrillte Hummerschwänze

4 Hummerschwänze, tiefgekühlt
zerlassene Butter
mehrere Zitronenviertel

Die Hummerschwänze auftauen lassen, der Länge nach mit einem scharfen Messer teilen und mit reichlich zerlassener Butter beträufeln. Man legt sie mit der Schale nach unten auf den Rost, bepinselt sie immer wieder mit Butter, wendet sie und grillt, bis das Fleisch leicht gebräunt ist.
Serviert wird mit viel zerlassener Butter und Zitronenvierteln.

Lachssteaks

4 Lachssteaks
4 cl frischer Zitronensaft
3 EL Butter, zerlassen
1 EL Farinzucker
1 EL Zwiebel, gerieben
½ TL Senfpulver
1 TL Salz
Pfeffer nach Geschmack

Die Fischsteaks waschen und mit Küchenkrepp trockentupfen. Die restlichen Zutaten vermischen und damit die Steaks bestreichen. Etwa 15 Minuten ziehen lassen. Die Steaks in einen gut eingeölten Drahtkorb geben oder auf den eingefetteten Grillrost legen. Über nicht zu heißer Glut auf jeder Seite etwa vier Minuten grillen. Ab und zu mit der restlichen Marinade bestreichen. Nur einmal wenden. *Foto rechts*

Amerikanisches Forellen-Barbecue

80 g Butter
⅛ l Tomatensaft
⅛ l trockener weißer Tafelwein
3 cl Apfelessig
2 EL Farinzucker
1½ TL Salz
1 TL Worcestershiresauce
1 TL Paprika
1 TL Chilipulver
¼ TL Pfeffer
1 Knoblauchzehe, zerdrückt
1 kleine Zwiebel, gehackt
1 große Forelle

Man vermischt alle Zutaten, ausgenommen den Fisch, für die Sauce und kocht diese auf kleinem Feuer zehn Minuten lang. Den gesäuberten Fisch zerteilt man in kleine, mundgerechte Portionen. Dann spießt man ihn entweder auf kleine Stöckchen oder auf Gabeln mit langen Griffen, taucht ihn in diese Sauce und röstet ihn über schwacher Glut zehn bis 15 Minuten lang. Der Fisch muß immer wieder in die Sauce getaucht werden, damit er *feucht* bleibt.

Forelle einfach

4 Forellen, ausgenommen
Salz
Speck zum Umwickeln

Die ausgenommenen Forellen werden innen und außen gut gesalzen. Dann umwickelt man sie mit Speck und legt sie am besten in einen zusammenklappbaren Drahtrost. Dieses Gerät gibt es speziell für Fische zu kaufen. Den »Drahtkorb« in Fischform legt man zum Grillen auf den Grillrost und wendet ab und zu. Wenn der Speck knusprig ist, ist die Forelle fertig. Ein Essen für Götter.
Foto links

Gegrillte Sardinen

1 EL frische Petersilie, sehr fein gehackt
½ EL frischer Salbei, sehr fein gehackt
½ EL frischer Rosmarin, sehr fein gehackt
1 EL frisches Basilikum, sehr fein gehackt
1 Knoblauchzehe, abgezogen, zerdrückt
¼ l Sonnenblumenöl
15–20 Sardinen, geschuppt und ausgenommen
Pfeffer und Salz

In einer großen Schüssel Kräuter, Knoblauch und Öl miteinander vermischen und zugedeckt 30 Minuten ziehen lassen. In der Zwischenzeit die Sardinen unter fließendem kaltem Wasser innen vorsichtig waschen und mit Küchenpapier trockentupfen. Dann die Sardinen mit dem gewürzten Öl bedecken, mehrmals wenden und zugedeckt bei Zimmertemperatur eine Stunde marinieren. Anschließend mit Salz und Pfeffer bestreuen. Den Grillrost gut einölen und die Sardinen über mittlerer bis starker Hitze auf jeder Seite zwei bis drei Minuten grillen. Dazu gibt es Bauernbrot und eine würzige Sauce zum Dippen.

Hecht mit Orange

1 Hecht
2 Orangen, geschält, geviertelt
zerlassene Butter
5–6 EL gemischte frische Kräuter (Petersilie, Estragon, Majoran oder dgl.), gehackt

Der ausgenommene Hecht wird mit den Orangenvierteln, sehr viel zerlassener Butter und den Kräutern gefüllt. Je nach Geschmack kann man noch Knoblauch dazugeben. Außen wird der Fisch reichlich mit Butter eingepinselt und dann in dicke Alufolie verpackt.
Der Fisch braucht nicht gewendet zu werden und bleibt je nach Größe 20 bis 40 Minuten auf dem Grillrost.

Fischfilets japanisch

4 große Fischfilets

Marinade:
⅛ l Sojasauce
40 g Zucker
1 TL frischer oder eingelegter Ingwer, gerieben

Die Zutaten für die Marinade gut mischen. Die Filets eine Stunde lang darin marinieren. Anschließend werden sie gegrillt. Dazu paßt am besten viel grüner Salat und Weißbrot.

Lagerfeuer-Austern

Pro Person 6 frische Austern, aus der Schale genommen
Speckstückchen
Weißbrotschnitten
Salz und Pfeffer
Zitronensaft

So merkwürdig uns das Rezept vorkommen mag, in Amerika ist es sehr beliebt. Probieren Sie es einmal!
Auf Spießchen steckt man abwechselnd das Fleisch von frischen Austern und Speckstückchen. Am Anfang und am Ende muß immer ein Speckstück sitzen. Drei große Austern und vier Stücke Speck reichen sehr gut für ein Sandwich aus. Man grillt, bis der Speck knusprig ist und die Austern sich zu ringeln beginnen. Dann nimmt man alles vom Spießchen herunter, legt es auf Weißbrotschnitten, würzt mit Salz und Pfeffer und träufelt ein wenig Zitronensaft auf die Austern.

Gegrillte Garnelen

Barbecuesauce, Seite 31
30 große, rohe Garnelen aus der Schale gelöst
1 große Zwiebel, sehr fein gehackt
3 EL Zitronensaft
3 EL Sonnenblumenöl
200 ml trockener Weißwein

Die Barbecuesauce nach Anweisung zubereiten. Dann in einer großen Schüssel Zwiebel, Zitronensaft, Öl und Weißwein miteinander mischen, die Garnelen dazugeben, mehrmals in der Marinade wenden und dann zugedeckt eine Stunde marinieren. Anschließend die Garnelen auf dünne Spieße stecken, und zwar immer paarweise ineinandergreifend, daß es wie ein Röllchen aussieht. Etwa drei Paare auf einen Spieß stecken. Dann mit der restlichen Marinade bestreichen und über starker Hitze drei Minuten grillen. Dazu gibt es die Sauce und Stangenbrot.

Shrimps Spezial

Pro Person 2–3 große geschälte Shrimps, aufgetaut
Sesamöl
Bourbon Whiskey
Sojasauce
Sesamsamen

Öl, Whiskey und Sojasauce vermischen und die Shrimps in dieser Marinade etwa zwei Stunden lang ziehen lassen. Dann auf jeder Seite drei bis vier Minuten grillen. In die restliche Marinade tauchen, in Sesamsamen rollen und zurück auf den Grill legen, bis die Sesamkörner schön braun geworden sind.

Muschelspießchen

10 frische Jakobsmuscheln, seitlicher Muskel abgetrennt
200 g Mieschmuscheln, gedünstet, aus der Schale gelöst

Marinade:
2 EL Sonnenblumenöl
2 EL Zitronensaft
2 EL Dill, fein gehackt
1 Prise Cayennepfeffer

Joe Tildens Knoblauchsauce, Seite 31

Von den Jakobsmuscheln den Corail abschneiden und das Muschelfleisch jeweils halbieren. Dann in einer Schüssel die Zutaten für die Marinade vermischen, Jakobsmuscheln, Corail und Miesmuscheln dazugeben, mehrmals alles wenden und zugedeckt zwei Stunden marinieren. In der Zwischenzeit die Sauce nach Anweisung zubereiten. Dann abwechselnd Jakobsmuscheln, Corail und Miesmuscheln auf eingeweichte Holzspießchen oder dünne Metallspießchen stecken und über starker Hitze auf jeder Seite ein bis zwei Minuten grillen. Dazu gibt es die genannte Sauce (auch Dillsauce, Seite 33, schmeckt gut dazu) und Stangenbrot.

Spießchen mit Shrimps

Tiefgefrorene Shrimps, aufgetaut und geschält
Frühstücksspeck
Ananaswürfel

Die Zutaten auf Spießchen stecken, in zerlassene Butter tauchen und über der heißen Glut unter gelegentlichem Wenden grillen.

Variation 1:
Cognac
einige Scheiben Parmaschinken
Lorbeerblätter
zerlassene Butter
Semmelbrösel
Zitronenscheiben

Die aufgetauten Shrimps in Cognac marinieren, jedes Teilchen in einen dünnen Streifen Parmaschinken einwickeln und abwechselnd mit einem Stückchen Lorbeerblatt auf Spießchen stecken. Über heißer Glut grillen, dann in zerlassener Butter und Semmelbröseln wälzen und nochmals grillen. Mit Zitronenscheiben servieren.

Variation 2:
Ananassaft
Sojasauce
Öl

Die Schale am Rücken mit der Küchenschere öffnen und den schwarzen Darmstrang entfernen. In einer Mischung aus Ananassaft, Sojasauce und Öl eine Stunde marinieren. Je ein großes Schalentier auf einen Spieß stecken und grillen.

Variation 3:
Knoblauch-Ingwer-Marinade, Seite 22

Die Schale öffnen und den Darmstrang entfernen. In Knoblauch-Ingwer-Marinade eine Stunde ziehen lassen und grillen.

Thunfischspießchen

4 frische Thunfisch-Steaks
1 langes französisches Weißbrot
80 g Butter, zerlassen
3 cl Olivenöl
3 EL frischer Zitronensaft
1 TL Salz
Lorbeerblätter

Die Haut und das dunkle Fleisch entfernen. Den Fisch in mundgerechte Würfel schneiden. Das Brot ebenfalls in Würfel schneiden. Die restlichen Zutaten – ohne die Lorbeerblätter – vermischen und den Fisch in dieser Mischung 1 Stunde marinieren. Auf ein Spießchen steckt man in folgender Reihenfolge: Brotwürfel, Fischstückchen und ein Lorbeerblatt; im ganzen 3 Stück Fisch und 4 Stück Brot. Nicht zu dicht aneinanderstecken! Etwa 15 Minuten grillen und unter gelegentlichem Wenden mit der restlichen Marinade bestreichen. Der Fisch soll auf allen Seiten schön braun sein.

Schollenspieße mit Früchten

Joghurtmarinade, Seite 22
800 g Schollenfilet
Saft von 1 Zitrone
Salz und Pfeffer
3 kleine Orangen, unbehandelt
3 mittelgroße Bananen
Sonnenblumenöl

Zuerst die Joghurtmarinade nach Anweisung zubereiten. Dann das Schollenfilet mit Zitronensaft beträufeln und der Länge nach in 2–2½ cm breite und etwa 7 cm lange Streifen schneiden. Dann mit Salz und Pfeffer bestreuen. Die Orangen unter fließendem Wasser gründlich säubern und trocknen und (mit der Schale) halbieren. Die Hälften in ½ cm breite Scheiben schneiden. Die Bananen schälen und in 1½ cm dicke Scheiben schneiden. Mit den Filetstreifen jeweils ein Bananenstück umlegen und abwechselnd mit den Orangenscheiben auf Spieße stecken. Mit Öl bestreichen und die Spieße über mittlerer Hitze grillen. Dazu gibt es die Joghurtmarinade zum Dippen und Stangenbrot. *Foto links*

Vom heißen Stein

Dorade auf dem Stein gegrillt

2 kleine Doraden (je 400 g höchstens), küchenfertig
Salz und Pfeffer
2 Stengel Petersilie
2 Stengel Rosmarin
2 Stengel Thymian
2 Stengel Minze
kaltgepreßtes Olivenöl

Die Fische mit Küchenpapier trockentupfen, innen und außen mit Salz und wenig Pfeffer bestreuen. Von den Kräutern je einen Stengel in jeden Fisch legen und die Fische außen reichlich mit Öl bestreichen. Auf den heißen Stein legen und von einer Seite etwa zehn bis 12 Minuten garen. Dann wenden und auf der anderen Seite weitere sechs bis acht Minuten grillen. Wer will, kann auch Gemüsescheibchen (von Zucchini, Tomaten, Aubergine, Champignons etc.), etwa 1½ cm dick, mit Öl bestreichen und ebenfalls auf dem Stein, neben dem Fisch, grillen.

Meeresfrüchte auf dem Stein gegrillt

Marinade:
¼ l kaltgepreßtes Olivenöl
½ EL Petersilie, sehr fein gehackt
1 EL Zitronenmelisse, sehr fein gehackt
½ EL Basilikum, fein gehackt
1 kleine Knoblauchzehe, abgezogen, zerdrückt

200 g Filet von Loup de Mer
etwas Zitronensaft
einige frische Jakobsmuscheln, von der Schale getrennt
10 Crevetten, frisch oder tiefgekühlt, aufgetaut
200 g Tintenfischringe (oder Streifen)
einige Tintenfischköpfe mit Tentakeln
Salz und Pfeffer

In einer großen Schüssel alle Zutaten für die Marinade miteinander vermengen. Dann die Filets in mundgerechte Stücke schneiden und mit wenig Zitronensaft beträufeln. Von den Jakobsmuscheln den Corail abtrennen und von den Tintenfischköpfen die Tentakel so knapp abschneiden, daß sie noch wie an einem Ring zusammenhängen.
Fischfilet, Jakobsmuscheln, Corail, Crevetten, Tintenfischringe und -arme in die Ölmarinade geben und zugedeckt bei Zimmertemperatur eine Stunde marinieren. Anschließen alles aus der Marinade nehmen, leicht mit Salz und Pfeffer bestreuen und auf dem heißen Stein grillen. Dazu gibt es eine würzige oder eine milde Sauce, je nach Geschmack, und Stangenbrot. *Foto links*

Grilladen aus der Küche

Lachsscheiben

4–8 Lachsscheiben, frisch oder tiefgefroren
6–8 EL Öl
½ TL Salz
1 Msp. weißer Pfeffer, gemahlen
evtl. 1 EL gemischte Kräuter, fein gehackt

Zuerst mischt man das Öl mit Salz, Pfeffer und eventuell den gehackten Kräutern. Dann legt man die Lachsscheiben nebeneinander auf eine flache, feuerfeste Platte und bestreicht sie sorgfältig von beiden Seiten mit der Ölmischung. Zehn bis 15 Minuten ziehen lassen, dann mit der feuerfesten Platte direkt unter den gut vorgeheizten Grill schieben. In ca. 15 Minuten gar werden lassen, dabei einmal wenden. Dazu schmeckt Zitronenmayonnaise oder Sauce Hollandaise.

Ein Tip:
Auf die gleiche Weise kann man alle Fischfilets oder -koteletts zubereiten, wie zum Beispiel Heilbutt, Steinbutt, Schellfisch und Kabeljau.

Fischsteak mit Zitronenbutter

50 g Butter
3 EL Zitronensaft
2 TL Salz
¼ TL Pfeffer
Fischsteaks
2 EL Sesamsamen
Zitronenscheiben

Die ersten vier Zutaten in einem kleinen Töpfchen vermengen und erhitzen, bis die Butter geschmolzen ist. Die Fischsteaks von beiden Seiten mit der Zitronenbutter bestreichen und auf den eingeölten Rost legen. Dann fünf Minuten grillen, wenden und wiederum beide Seiten mit Zitronenbutter bestreichen. Obenauf mit Sesamsamen bestreuen und weitere fünf Minuten grillen, bis die Samen leicht braun und der Fisch flockig geworden ist. Jede Portion mit einer Zitronenscheibe garnieren.

Seezunge

4 Seezungen
etwas Mehl
zerlassene Butter

Die Fische in Mehl wenden und in zerlassene Butter tauchen. Auf den heißen Rost legen und karieren, indem man sie nach einigen Minuten um 90 Grad dreht. Von der anderen Seite den Vorgang wiederholen.
Dazu Salzkartoffeln, zerlassene Butter und Salat.

Goldbarschrouladen

4 mittelgroße Goldbarschfilets
Öl zum Bepinseln
4 Sardellenfilets
4 Oliven in Scheibchen
2 Gewürzgurken, gehackt

Die Fischfilets mit Öl bestreichen und dann mit Gewürzgurke, Olivenscheiben und einem Sardellenfilet belegen, zu einer Roulade zusammenrollen und mit einem Zahnstocher zusammenstecken. Die Rouladen nochmals einölen und in die gut eingefettete Saucenpfanne legen. Bei geringer Hitze 20 Minuten grillen und dann noch wenige Minuten bei starker Temperatur.

Gegrillte Heringe

4 grüne Heringe
½ l Wasser mit etwas Salz versetzt
40 g Mehl
Petersilie zum Garnieren
Kräuterbutter, Seite 29

Die Heringe ausnehmen und mit kaltem Wasser abspülen. Mit Küchenkrepp trockentupfen. Salzwasser zum Kochen bringen und die Heringe darin fünf Minuten ziehen lassen, dann die Fische abtropfen lassen. In Mehl wenden und auf den Rost legen. Im vorgeheizten Grill unter einmaligem Wenden acht Minuten garen. Die Heringe auf einer vorgewärmten Platte mit Petersilie und Kräuterbutter garnieren. Dazu schmecken Salzkartoffeln.

Fenchelrotbarben in der Folie

2 Rotbarben, ausgenommen
Saft von ¼ Zitrone
1 EL Olivenöl
etwas Fenchel, fein gehackt
25 g Speck, fein gehackt
Petersilie, fein gehackt

Bei den Rotbarben machen wir in die Haut mehrere leichte Einschnitte. Dann vermischen wir Zitronensaft, Öl und Fenchel, beträufeln damit die Fische und lassen sie in dieser Marinade etwa drei Stunden ziehen. Danach geben wir den Speck und die Petersilie in die Marinade, packen jeden Fisch mit ein wenig von dieser Mischung in dicke Alufolie und verschließen Enden und Kanten sehr sorgfältig. Die Pakete legen wir auf den nicht zu heißen Rost.
Nach etwa 15 Minuten ein Päckchen öffnen. Der Fisch ist gar, wenn er flockig wird. Wir servieren ihn in der Folie und öffnen diese erst auf dem Teller. Ein köstlicher Duft nach Fenchel regt den Appetit an!

Kräuterkarpfen

1 Spiegelkarpfen, ca. 1500 g
100–150 g Butter
1–2 TL Salz
Saft von 2 Zitronen
3–4 EL Kräuter, gemischt (Petersilie, Estragon, Oregano und Salbei)

Den vorbereiteten Karpfen innen und außen mit dem Zitronensaft beträufeln und salzen. Dann gleichmäßig in dem Bauch des Karpfens die frischen oder getrockneten Kräuter verteilen. In einer flachen, feuerfesten Form die Butter heiß, aber nicht braun werden lassen und den Karpfen mit dem Rükken nach oben daraufsetzen. Von oben mit einem Teil der zerlaufenen Butter beträufeln und ihn unter den vorgeheizten Grillstab schieben. Damit der Karpfen auch gleichmäßig braun wird, begießt man ihn von Zeit zu Zeit während des Grillens mit etwas flüssiger Butter. Nach 35 bis 40 Minuten ist der Kräuterkarpfen gar. Man serviert ihn entweder in der Grillpfanne oder auf einer gut vorgewärmten Platte, mit dem Bratfett übergossen. Dazu schmecken am besten Salzkartoffeln und viel grüner Salat.

Makrelen

4 Makrelen
Salz
zerlassene Butter

Makrelen schmecken sehr gut, wenn man sie – innen und außen gut gesalzen – mit reichlich Butter bestreicht und unter dem Grillstab knusprig brät.
Dazu schmecken einfache Salzkartoffeln und eventuell, wie in England, pikante Stachelbeersoße, die es in guter Qualität fertig zu kaufen gibt.

Gegrillte Langustenschwänze

4 Langustenschwänze (tiefgefroren)
4 EL Öl
Salz, Pfeffer

Die Langustenschwänze auftauen lassen, der Länge nach spalten und mit Salz und frischgemahlenem Pfeffer einreiben. Im Grill oder über Holzkohlen bei nicht allzu großer Hitze garen. Dabei immer wieder mit Öl beträufeln, damit das Fleisch nicht trocken wird. Grilldauer etwa zehn bis 15 Minuten.
Dazu reicht man Sauce Béarnaise und einen trockenen weißen Burgunder.
Nach dem Grillen kann man die Meerestiere auch mit Calvados oder Cognac flambieren.

Shrimps am Spießchen

120 ml Sojasauce
3 cl Zitronensaft
1 Zwiebel, gerieben
frische oder aufgetaute Shrimps

Die ersten drei Zutaten in einer Glasschüssel vermischen und dann die geschälten Shrimps mindestens zwei Stunden darin marinieren. Auf Spießchen stecken und etwa zehn Minuten grillen. Dazu passen grüner Salat und Weißbrot.

Coquilles St. Jacques

1 Packung Jakobsmuscheln, tiefgekühlt (450 g)
¼ l Weißwein
¼ l Wasser
2 EL Butter
1 Zwiebel, fein gehackt
100 g frische oder Dosenchampignons in Scheiben
1 TL Zitronensaft
je 1 Prise Salz und Pfeffer
120 ml Sahne
2 Eigelb

Die tiefgekühlten Jakobsmuscheln zehn Minuten in Weißwein und Wasser sieden. Inzwischen das Fett in einer Pfanne erhitzen, die Zwiebel und die in Scheiben geschnittenen Champignons darin andünsten. Zitronensaft, Salz, Pfeffer und ¼ Liter Muschel-Brühe zugeben, Sahne darunterrühren und die Sauce cremig einkochen. Muscheln in Scheiben schneiden und auf vier feuerfeste Schalen (Muscheln) verteilen. Eigelb unter die Sauce rühren, Sauce über die Muscheln geben und im vorgeheizten Grill bei mittlerer Hitze zehn Minuten überbacken.
Coquilles St. Jacques reichen Sie mit warmem Toast als Vorspeise oder als kleinen Imbiß für Feinschmecker.

Pikante Brote

Pikante Brote sind herzhafte und köstliche Begleiter zu gegrilltem Fleisch, Fisch und Gemüse. Selbstgebackenes Brot oder frische Salzstangen aus dem Rohr sind ebenso köstlich wie die Brote, die am Rand des Grills in Alufolie erhitzt werden und beim Öffnen der Folie einen wunderbaren Duft verbreiten. Zu Recht gelten sie als ideale Ergänzung beim großen Grillvergnügen.

Stockbrot

500 g Mehl
1 Päckchen Trockenhefe
¼ l lauwarme Milch
1 TL Salz
1 Prise Zucker

Nach Belieben:
Curry und Pfeffer
Thymian, Rosmarin, Oregano

In einer Schüssel das Mehl mit der Trockenhefe vermischen, Salz und Zucker beifügen und langsam die lauwarme Milch einarbeiten. Wer es würzig liebt, vermischt Gewürze und Kräuter nach eigener Wahl (oder wie angegeben) gleich zu Beginn mit dem Mehl. Ist der Hefeteig verknetet, muß man ihn schlagen, bis er Blasen bildet und sich trocken anfühlt. An einer warmen, zugfreien Stelle, mit einem Tuch bedeckt, etwa 20–30 Minuten gehen lassen.
Zum Grillen formt man 20–30 cm lange Teigstränge, die einen Durchmesser von etwa 1–1½ cm Dicke haben sollen. Diese Teigstränge wikkelt man wie eine dichte Spirale um je einen langen Spieß (es kann auch ein langer, sauberer Stock sein) und läßt den Teig langsam unter ständigem Drehen in gutem Abstand über den Kohlen bräunen und backen. Natürlich kann man den Brotspieß auch auf den Rost legen und immer wieder ein Stückchen weiter drehen. Dazu gibt es Saucen und Salate.

Brot mit Dillsamen

500 g Mehl, gesiebt
35–40 g Hefe
etwa 3 EL lauwarmes Wasser
100 g Zwiebel, feingehackt
80 g Butter
200 g Sahnequark, weichgerührt
2 TL Dillsamen
1 TL Salz
1 Ei
flüssige Butter zum Bestreichen
grobes Salz zum Bestreuen

Die Hefe in lauwarmem Wasser auflösen. Die Zwiebel in der Butter andünsten. In einer Schüssel Quark, Zwiebeln, Dillsamen, Salz, das Ei und die Hefe vermischen. Nach und nach das Mehl dazugeben und den Teig nach jeder Mehlzugabe durchschlagen. Er soll ganz glatt sein. Mit einem Tuch bedecken und etwa 1¼ Stunden aufgehen lassen, bis sich die Teigmenge verdoppelt hat. Dann gut durchkneten, in eine gefettete oder mit Folie ausgelegte 30 cm lange Form geben und nochmals etwa 40 Minuten aufgehen lassen. Das Brot bei etwa 200 °C etwa 55 Minuten backen. Nach 40 Minuten das Rohr öffnen, und, wenn das Brot oben zu dunkel wird, ein Stück Folie darauflegen.
Das fertige Brot mit flüssiger Butter bestreichen und mit grobem Salz bestreuen.

Pizzabrot

1 dickes französisches Weißbrot
1 Döschen Tomatenmark
3 cl Olivenöl
½ TL Oregano
Salz und Pfeffer nach Geschmack
Anchovisfilets
Mozarellakäse in Scheiben
oder Emmentaler in Scheiben

Das Brot der Länge nach halbieren. Tomatenmark, Öl, Oregano, Salz und Pfeffer gut vermischen und damit die Brothälften gut bestreichen. Mit Anchovisfilets garnieren und die Käsescheiben darüberlegen. Auf dem Blech im Backofen zehn bis 15 Minuten backen, bis der Käse geschmolzen ist.

Brot mit Käsefüllung

100–200 g Schweizer Käse, gerieben, je nach Größe des Brotes
Petersilie, feingehackt
Salz und Pfeffer nach Geschmack
1 dickes französisches Weißbrot

Man vermischt den Käse mit der Petersilie und schmeckt gut mit Salz und Pfeffer ab. Dann halbiert man das Brot der Länge nach und höhlt die Hälften etwas aus. Die Käsemischung füllt man in die Brothälften und erhitzt diese auf dem Grill so lange, bis der Käse geschmolzen ist.

Heißes Knoblauchbrot

1 dickes französisches Weißbrot
2–4 Knoblauchzehen, zerdrückt
150 g Butter
¼ TL Salz

Das Brot in ca. 2 cm dicke, schräge Scheiben schneiden, die unten noch zusammenhängen sollen. Die Butter mit dem Knoblauch und dem Salz gut vermischen und die einzelnen Scheiben von beiden Seiten mit dieser Mischung bestreichen. Das so präparierte Brot in Aluminiumfolie wickeln und im heißen Rohr 20 bis 30 Minuten erhitzen oder es auf den Grill legen und unter Wenden heiß werden lassen. Die Folie erst kurz vor dem Verzehr öffnen.

Einfache Salzstangen

500 g Mehl
¼ l Milch
20 g Hefe
60 g Fett, zerlassen und wieder erkaltet
1 Eidotter
½ TL Salz

Zum Bestreuen:
Kümmel
etwas grobes Salz

Auf dem Backbrett knetet man aus diesen Zutaten einen Teig, der ziemlich fest sein muß. Daraus werden entweder kleine Brezeln, Zöpfchen oder Salzstangen geformt, die man mit Eidotter bestreicht und mit Kümmel und grobem Salz bestreut. Bei 200 °C zehn bis höchstens 15 Minuten goldgelb backen. Die Teigmenge ergibt etwa 25 bis 30 Stück.
Den Teig kann man einige Stunden vor der Verwendung zubereiten und in einem kühlen Raum aufbewahren.

Buttermischungen

Sie sind ein idealer Ersatz für Soßen, besonders wenn es schnell gehen soll. Für Grilladen ist es wichtig, daß die Butter immer eiskalt serviert wird. Sie darf erst langsam während des Essens auf dem heißen Fleisch zerlaufen.
Buttermischungen lassen sich sehr gut aufbewahren, und es empfiehlt sich, eine größere Menge auf Vorrat herzustellen. Pro Person benötigt man etwa 30 g. Die Zubereitung ist immer gleich, lediglich die Zutaten variieren. Zuerst wird die Butter schaumig gerührt, damit sie sich gut mit den anderen Zutaten vermengt. Die fertige Butter am besten in den Kühlschrank geben, dann wird sie so fest, daß man daraus eine Rolle formen kann. Diese Butterrolle, in Alufolie verpackt, hält sich im Kühlschrank vier Wochen, in der Gefriertruhe ein halbes Jahr. Bei Verwendung Packung öffnen und mit dem Buntmesser nur so viele Scheiben abschneiden, wie man benötigt.

Haselnußbutter

250 g Butter
120–150 g geschälte und geriebene, leicht geröstete Haselnüsse

Die Zutaten gut vermengen. Haselnußbutter schmeckt gut zu Seezunge, Kalbskotelett und Kalbsschnitzel.

Dillbutter

250 g Butter
1 EL Dill, fein gehackt
½ TL Salz
1 Msp. weißer Pfeffer

Die Zutaten gut vermengen. Dillbutter paßt gut zu Fisch.

Garnelenbutter

100 g Garnelenschwänzchen, gekocht
100 g Butter

Im Mixer rühren. Herrlich zu Seezunge und Forelle.

Räucherlachsbutter

25 g Räucherlachs
75 g Butter

Im Mixer gut vermischen. Ausgezeichnet zu Lachs von Rost und Spieß.

Tomatenbutter

2–3 EL Tomatenmark
1 Prise Zucker
1 TL Zitronensaft
Salz nach Geschmack
100 g Butter

Alle Zutaten im Mixer verrühren. Paßt gut zu gegrilltem weißem Fleisch wie Huhn oder Kalb.

Mandelbutter

250 g Butter
120–150 g frische Mandeln, geschält und sehr fein gehackt
1 Msp. Salz

Mandelbutter schmeckt zu gegrilltem Fleisch oder Fisch.

Meerrettichbutter

250 g Butter
50–80 g frischer Meerrettich, fein gerieben
1 Msp. Rosenpaprika
1 Prise Salz

Meerrettichbutter ist sehr gut für jede Art von Steak.

Petersilienbutter

250 g Butter
1 gestrichener TL Salz
1 Prise Pfeffer, gemahlen
3 EL frische Petersilie, sehr fein gehackt

Paßt besonders gut zu Steaks und gegrilltem Fisch.

Kaviarbutter

250 g Butter
ca. 100 g Preßkaviar
1 TL Zitronensaft

Schmeckt vorzüglich zu in der Folie gebackenen Kartoffeln.

Knoblauchbutter

250 g Butter
100 g Knoblauch, zerdrückt
1 Prise Salz

Diese Butter schmeckt gut zu Steaks, Hammelkoteletts oder gerösteten Weißbrotscheiben. Sie muß immer *frisch* zubereitet werden.

Butter mit Honig und Zitrone

100 g Butter
2 EL Honig
2 EL Zitronensaft
abgeriebene Schale einer halben, unbehandelten Orange

Die Zutaten gründlich miteinander verrühren. Diese Butter schmeckt zu gegrilltem Fleisch und Fisch.

Kräuterbutter

Hier sind der Phantasie keine Grenzen gesetzt. Man kann die Kräuterkombinationen tausendfach ändern. Beachtet werden muß nur, daß Übertreibung auch hier fehl am Platz ist. Sicher geht man mit den »fines herbes«: Petersilie, Schnittlauch, Estragon und zuweilen Kerbel. Dazu kann man noch Majoran oder Thymian nehmen.
Diese Buttermischungen schmecken wunderbar zu gegrilltem Huhn oder Truthahn, außerdem zu gegrillten Kartoffeln. Zu Lammkoteletts, aber auch zu Steaks und Fisch schmeckt Rosmarinbutter besonders gut. Oreganobutter zu gegrillten Tomaten und Maiskolben.

Grüne Butter

1 EL Petersilie, zerstoßen oder sehr fein gehackt
1 EL Schnittlauch, zerstoßen oder sehr fein gehackt
100 g Butter

Auf Speisekarten findet man sie als »beurre vert«. Am besten schmeckt sie, wenn man die zu verwendende Petersilie und den Schnittlauch im Mörser zerstößt. Besitzt man ein so nützliches Gerät nicht, so sollte man sich die Mühe machen, die beiden Kräuter besonders fein zu wiegen.
Grüne Butter ist herrlich zu in der Schale gegrillten Austern, zu Fisch und zu geröstetem Lamm.

Sardellenbutter

100 g Butter
2–3 TL Sardellenpaste

Die schaumig gerührte Butter vermischt man mit Sardellenpaste. Zu Koteletts und Steaks, natürlich auch zu Fisch ausgezeichnet. Wenn Sie etwas Neues ausprobieren wollen, servieren Sie Sardellenbutter einmal zu gegrilltem Kalbfleisch.

Früchte – Desserts

Vom Holzkohlengrill

Gemischtes Obst in der Folie

2 mittelgroße Orangen
1 mittelgroße Grapefruit
2 rote Äpfel
2 feste, reife Birnen
etwas Farinzucker
6 TL Grand Marnier

Sechs Quadrate von dicker Alufolie vorbereiten. Dann die Orangen und die Grapefruit schälen und jede Frucht quer in sechs Scheiben schneiden. Die Äpfel waschen, trocknen, die Kerngehäuse ausstechen, und jede Frucht ungeschält in sechs Scheiben schneiden. Die Apfelscheiben zwischen die Orangen legen, damit sie sich nicht verfärben. Die Birnen schälen, die Kerngehäuse ausstechen, und ebenfalls jede Frucht quer in sechs Scheiben schneiden. Auf jedes Stück Alufolie jeweils zwei Apfel-, zwei Orangen-, zwei Birnen- und eine Grapefruitscheibe schichten. Jedes »Türmchen« mit einem Teelöffel Farinzucker bestreuen und mit einem Teelöffel Grand Marnier beträufeln. Die Alufolie über den Früchten schließen und bei mittelstarker Hitze die Päckchen auf dem Rost etwa vier bis sechs Minuten grillen.

Orangen in der Folie

4 kernlose Orangen, geschält
4 TL Farinzucker
⅓ TL Zimt
4 EL Rum
4 TL Butter

Die Orangen schälen und in Viertel teilen. Vier größere Stücke Alufolie vorbereiten. Jeweils pro Portion die Viertel einer Orange auf ein Stück Folie geben. Pro Portion einen Teelöffel Farinzucker, eine Prise Zimt, einen Eßlöffel Rum und einen Teelöffel Butter dazugeben. Die vier Pakete falten und über mittlerer Hitze etwa zehn Minuten grillen.

Grapefruit in der Folie

2 Grapefruits
etwas Muskatwein
Honig
Muskatblüte

Die Früchte halbieren und die Kerne entfernen. Die einzelnen Segmente mit einem kleinen scharfen Messer von den Häuten lösen. In die Mitte etwas Muskatwein gießen, Honig darüberlöffeln und mit Muskatblüte bestreuen. In dicke Folie packen und direkt auf die Kohlen legen, und zwar mit der Schnittfläche nach unten. Nach etwa zehn Minuten auspacken und warm servieren.

Pfirsiche mit Brombeeren in der Folie

4 große reife Pfirsiche
frische reife Brombeeren
Farinzucker
Zitronensaft

Die Pfirsiche halbieren, den Kern entfernen und die Früchte schälen. Die Pfirsichhälften auf dicke Alufolie legen, mit den Brombeeren füllen und mit braunem Zucker bestreuen und mit einigen Tropfen Zitronensaft verfeinern. Verpacken.

Diese Päckchen legt man zwischen die Kohlen, und zwar so, daß die Pfirsiche mit der Schnittfläche nach unten liegen. Sie brauchen etwa 15 Minuten. Man serviert sie warm in der Folie. *Foto links*

Bratapfel vom Grill

8 mittelgroße Äpfel
100 g geschälte Haselnüsse, gehackt
80 g Vollkornbrot, klein zerkrümelt
60 g Rosinen oder Sultaninen, gehackt
40 g kandierter Ingwer, sehr fein gehackt
3 EL Limettensaft
1 TL Lebkuchengewürz
3 EL Honig
weiche Butter

Die Äpfel waschen, trocknen und vom Stielende her mit einem Ausstecher das Kerngehäuse entfernen. Das Loch sollte jeweils 2 bis 2½ cm Durchmesser groß sein. Die Schale der Äpfel ringartig ein- bis zweimal einritzen.

In einer Schüssel Nüsse, Brotkrümel, Rosinen, Ingwer, Limettensaft, Gewürz und Honig miteinander vermischen. Acht Quadrate dicke Alufolie gut mit der weichen Butter bestreichen. Dann je einen Apfel auf ein Stück Alufolie setzen und mit einem Achtel der Nußmasse füllen. In die Folie wickeln und auf den Grillrost legen. Bei mittelstarker Hitze 30 bis 40 Minuten grillen. Um zu prüfen, ob die Äpfel weich sind, mit einer Rouladennadel von oben her hineinstechen.

Bananen in der Aluschale

4 Bananen
weiche Butter
etwas flüssiger Honig
2 EL Mandelblättchen

Die Bananen mitsamt ihrer Schale der Länge nach halbieren. Die Hälften mit der Schale nach unten in eine größere oder in zwei kleinere Aluschalen setzen. Die Schnittfläche der Bananen mit Butter bestreichen, mit Honig beträufeln und mit Mandelblättchen bestreuen. Dann bei mittelstarker Hitze in den Schalen auf dem Rost grillen, bis sie weich sind. Anschließend auslöffeln. *Foto links*

Bananen in der Folie

4 reife feste Bananen
Zitronensaft
Farinzucker
Butterflöckchen
rotes Johannisbeergelee
Kokosnuß, geraspelt

Die Bananen schälen und jeweils eine auf ein Stück Alufolie legen. Mit Zitronensaft bestreichen, mit braunem Zucker bestreuen, Butterflöckchen daraufsetzen und gut einpakken. Diese Pakete direkt auf die heißen Kohlen legen und sieben bis neun Minuten unter ständigem Wenden garen. Vor dem Servieren öffnet man die Folie, garniert die Bananen mit rotem Johannisbeergelee und bestreut mit der geraspelten Kokosnuß.

Gegrillte Bananen mit Zimtzucker

3 EL Zucker
2 TL Zimt
8 große, feste Bananen
weiche Butter

In einem kleinen Schälchen den Zukker mit dem Zimt vermischen. Dann von den Bananen der Länge nach nur die obere Hälfte abschälen. Mit der Schale nach unten auf den Grillrost legen und bei mittelstarker Hitze etwa fünf Minuten grillen. Wenn die untere Schale dunkelbraun ist, die Bananen vorsichtig wenden und auf der offenen Seite eine Minute grillen. Dann, wieder mit der Schale nach unten, auf Teller legen, mit weicher Butter bestreichen und mit Zimtzucker bestreuen.

Ganze Äpfel am Spieß

4 mittelgroße Äpfel
zerlassene Butter
Zimt
Farinzucker

Die Äpfel waschen, trocknen und auf vier Spieße stecken. Man röstet sie direkt über den glühenden Kohlen, indem man sie hin und her dreht. Dann schält man sie, taucht sie in zerlassene Butter, bestreut sie mit Zimt und rollt sie in braunem Zucker. Dann werden die Äpfel nochmals übers Feuer gehalten und etwa zehn Minuten gebraten, bis der Zucker karamelisiert. Ein bißchen abkühlen lassen und *am Spieß* servieren.

Apfelstückchen am Spieß

3 feste, mittelgroße Äpfel
zerlassene Butter
Zucker zum Bestreuen

Die Äpfel waschen, trocknen und in Achtel schneiden. Jeweils ein Stückchen auf einen Spieß stecken, in die zerlassene Butter tauchen und mit etwas Zucker bestreuen. Dann über der Glut karamelisieren lassen. Vor dem Verzehr erst abkühlen lassen, denn Karamel ist sehr heiß!

Variationen:

Auf diese Art und Weise, nämlich in zerlassene Butter getaucht oder damit bestrichen, kann man Früchte aller Art grillen – vor allem auch ohne Zucker.
Sehr gut schmecken mit Butter gegrillte Aprikosen, Ananas, Bananen und Orangen.

Rumfrüchte vom Spieß

5 cl Rum
3 EL Zucker
3 EL Limettensaft
2 Bananen
3 Kiwis
3 kleine Pfirsiche
12 oder 18 Erdbeeren, gewaschen, entstielt
12 Kirschen, gewaschen, entkernt
Saft von 1 Orange
3 TL Honig

In einer großen Schüssel Rum, Zucker und Limettensaft verrühren. Dann die Bananen schälen, in etwa 2½ cm dikke Stücke schneiden und in die Schüssel geben. Kiwis schälen, der Länge nach halbieren, dann quer in Scheiben schneiden, in die Schüssel geben. Die Pfirsiche schälen, entkernen und vierteln, zur Marinade geben, ebenfalls die Erdbeeren und die Kirschen. Das Obst in der Marinade mehrmals wenden und 20 Minuten zugedeckt ziehen lassen. In der Zwischenzeit sechs Bambus- oder Holzstäbchen für 15 Minuten in Wasser einweichen. Dann die Früchte abwechselnd auf die Spieße stecken.
Die restliche Marinade in einem kleinen Topf mit Orangensaft und Honig aufkochen und dann etwas eindicken lassen. Anschließend den Grillrost gut einölen, die Fruchtspieße mit der eingedickten Sauce bestreichen und bei mittelstarker Hitze von jeder Seite zwei Minuten grillen. *Foto links*

Grilladen aus der Küche

Birne Helene

4 große, saftige, reife Birnen
¼ l Zuckerwasser
etwas Zitronenschale
1 Stückchen Zimt
¼ l dickliche Schokoladensoße (Saucenpulver)
1 Eiweiß, 50 g Zucker

Die Birnen schälen und halbieren. Das Kerngehäuse entfernen. Dann in Zuckerwasser mit Zimt und Zitronenschale weichkochen. Sind sie abgekühlt, mit der Schnittfläche nach unten in eine feuerfeste Form legen und die Schokoladensauce darüber gießen. Das Eiweiß mit dem Zucker sehr steif schlagen und möglichst mit dem Spritzbeutel über die Birnen auf die Schokolade spritzen. Im vorgeheizten Grill so lange überbräunen, bis die Oberfläche goldgelb ist.

Ananasringe

4 Ananasringe
zerlassene Butter
Farinzucker

Die Ananasringe mit Butter bestreichen und mit Farinzucker bestreuen. Im Grill fünf bis acht Minuten ohne zu wenden bräunen. Schmecken gut als Dessert oder als Beilage zu Hamburgern, Koteletts oder Schinken.

Chinesische Honigbananen

4 Bananen
Saft von 1 Zitrone
2 EL Honig
10 Mandeln, fein gehackt
3 EL Semmelbrösel
2 EL Butter

Die Bananen schälen und mit Zitronensaft beträufeln. Eine flache feuerfeste Form einfetten, die Bananen nebeneinander hineinlegen und den Honig darübergeben. Die Mandeln mit den Semmelbröseln vermischen und darüberstreuen. Butterflöckchen daraufsetzen und im vorgeheizten Grill etwa 15 Minuten überbacken.

Flambierte Bananen

6 große Bananen
40 g Farinzucker
6–8 cl Rum
6 EL Kokosflocken, geröstet

Die Bananen werden in der Schale etwa 15 Minuten lang gegrillt. Dann entfernt man die Schalen, gibt das Innere auf Teller, bedeckt gut mit braunem Zucker, gießt den Rum darüber und flambiert. Wenn die Flammen erlöschen, bestreut man mit den Kokosflocken.

Pfirsiche gegrillt

2 schöne große, reife Pfirsiche
etwas Sherry
zerlassene Butter
evtl. 4 Rumkirschen
evtl. etwas Cognac zum Flambieren

Die Pfirsiche halbieren und die Kerne entfernen. In die Vertiefungen etwas Sherry gießen, die Pfirsichhälften mit Butter bestreichen und ganz kurz auf dem Rost grillen. Die Vertiefung, wo der Kern saß, kann man mit einer Rumkirsche verzieren, und wer will, kann auch diese Pfirsiche mit Cognac flambieren.

Bananen-Rum-Toast

4 Weißbrotscheiben
etwas Butter
2 Bananen
2 Eigelb
Zucker nach Geschmack
etwas Rum
Semmelbrösel

Die Brotscheiben auf einer Seite rösten. Die ungeröstete Seite mit Butter bestreichen. Auf diese Toasts jeweils eine halbe Banane legen. Eigelb, Zucker, Rum und Semmelbrösel mischen und über die Bananen geben. Im Grill drei bis vier Minuten knusprig überbräunen.

Von Kräutern und Gewürzen

Kräuter und Gewürze werden zur Verbesserung und zur Verfeinerung der Speisen so lange verwendet, wie die Menschheit alt ist. Schon in Höhlen und Gräbern der Jungsteinzeit, also etwa im fünften Jahrtausend vor Christus, fand man Samen von Kümmel, Koriander und anderen Würzpflanzen. Während der Regierungszeit der großen Pharaonen gab es eigens Kaufleute, die auf Kräuter und Gewürze spezialisiert waren. Später beherrschten Phönizier und Araber den gesamten Gewürzhandel der damaligen Welt.
Das älteste Werk über Gewürz- und Heilpflanzen stammt aus dem dritten Jahrtausend vor Christus und soll von dem chinesischen Kaiser Shen Nang (2900 v. Chr.) verfaßt worden sein. Die älteste europäische Sammlung über Kräuter ist aus den Beschreibungen von Pflanzen mehrerer antiker Ärzte entstanden. Sie hatten im vierten und fünften Jahrhundert vor Christus gelebt und praktiziert. Nach dem berühmtesten von ihnen, Hippokrates (geb. 460 v. Chr.), wurde diese Schriftensammlung benannt: Corpus Hippocraticum.
Die Kunde von Kräutern und Gewürzen zieht sich wie ein roter Faden durch die Jahrhunderte. Mit den Römern kamen viele Pflanzen aus dem Mittelmeerraum über die Alpen nach Germanien, Gallien und Britannien. Eine weitere Förderung für unsere heutigen »einheimischen« Kräuter entstand durch die Landverordnung Karls des Großen (742 bis 814). Im 70. Kapitel dieser Verordnungen befindet sich eine Aufzählung von etwa 90 Pflanzen, unter denen sich die meisten Kräuter befinden, die wir heute noch (und wieder) verwenden. In Klostergärten und auf den kaiserlichen Gütern wurden diese Pflanzen systematisch angebaut.
Was die Gewürze wie Zimt, Nelken, Pfeffer, Vanille usw., die aus den Ländern des fernen Ostens stammen, betraf, so waren im Mittelalter die reichsten Kaufleute diejenigen, die zu Wasser und zu Land einen gut funktionierenden Gewürzhandel betrieben. Städte wie Konstantinopel, Venedig, Genua und zahlreiche andere, verdanken ihre wirtschaftliche Blütezeit solchen Handelsbeziehungen.
Wenn wir heute Kräuter und Gewürze zur Verfeinerung unserer Speisen verwenden, so hat das mit dem Reichtum derer, denen früher allein die »fremden« Gewürze zur Verfügung standen, nichts mehr zu tun. Wohl aber mit dem Jahrtausende alten Wissen um Wohlgeschmack und Förderung des gesunden Lebens.

Kräuter Tafel I

1. *Beifuß* stammt aus den Steppen Rußlands und ist heute weltweit verbreitet. Er macht fette Speisen bekömmlicher und paßt daher zu Schweine- und Hammelfleisch, auch zu schwerem Geflügel wie Ente und Gans.
2. *Lorbeer* stammt aus Kleinasien und ist seit Jahrtausenden rund ums Mittelmeer heimisch. Paßt gut zu Marinaden und Beizen.
3. *Bergbohnenkraut* stammt aus dem Balkan, Südrußland bis zum Kaukasus und den Gebieten rund ums Mittelmeer. Frisch und getrocknet ist es hervorragend bei Lamm- und Schweinefleisch und bei Hackfleischmischungen.
4. *Pfefferminze* war schon im vorgeschichtlichen China bekannt und kam über den Orient und Ägypten in die Mittelmeerländer. Sie ist unentbehrlich bei Lamm- und Hammelfleisch und den dazugehörenden Pfefferminzsaucen und -gelees.
5. *Petersilie* kommt ursprünglich aus den östlichen Mittelmeerländern. Eignet sich gut für Fleisch aller Art, als »Einlage« für Fische und für Buttermischungen.
6. *Schnittlauch* wuchs und wächst in den gemäßigten Klimagebieten Europas und Mittelasiens. Eignet sich hervorragend zu Sahne-Quark- und Buttermischungen.
7. *Salbei* stammt aus den östlichen Mittelmeerländern. Er paßt zu Grillfleisch aller Art, besonders gut zu Leber, schwerem Geflügel und Fisch.
8. *Kerbel* stammt aus Südrußland und dem Kaukasus. Kann anstelle von Petersilie verwendet werden. Paßt gut zu Grilltomaten, Kräuterdips und Quark- und Buttermischungen.
9. *Estragon* kam zu uns aus der asiatischen Hochsteppe, der Mongolei, Sibirien und Südrußland. Geradezu unentbehrlich zu gegrilltem Fleisch und der Sauce Béarnaise. Estragon ist

1
2
3
4
5
6
7
8
9
10
11
12
13
14
15
16
17
18

das klassische Hühnergewürz und eignet sich außerdem sehr gut bei gegrilltem Fleisch, Leber und bei Buttermischungen.
10. *Borretsch* ist beheimatet im Vorderen Orient und kam mit den Arabern nach Spanien. Schmeckt gut zu Salaten und eignet sich für Quarkmischungen und kalte Saucen.
11. *Basilikum* stammt aus dem tropischen Vorderindien und kam etwa 2000 v. Chr. nach Ägypten. Es ist das typische Tomatengewürz, paßt zu Lamm- und Schweinefleisch und zu den verschiedensten Kräutersaucen.
12. *Oregano*, auch wilder Majoran genannt, ist in Asien und Südeuropa zu Hause. Eignet sich sehr gut für Grillfleisch aller Art, auch Fisch und für Hackfleischmischungen.
13. *Zitronenmelisse* stammt aus dem Vorderen Orient und den Mittelmeerländern. Schmeckt sehr gut in kalten Saucen, Sahne- und Quarkmischungen, auch zu gegrilltem Fleisch.
14. *Pimpinelle* war und ist in Süd- und Mitteleuropa beheimatet. Bewährt sich sehr gut bei Quark- und Buttermischungen.
15. *Dill* wurde schon im alten Ägypten als Würz- und Heilpflanze kultiviert. Er bewährt sich bei Fisch und Krustentieren, aber auch bei Lamm- und Kalbfleisch. Hervorragend bei kalten Saucen.
16. *Rosmarin* war schon immer und ist bis heute in allen Mittelmeerländern beheimatet. Er eignet sich besonders für Lamm- und Hammelfleisch, beim Grillen von Rippchen, Hackfleischmischungen und bei Grilltomaten.
17. *Thymian* stammt, wie so viele Kräuter, aus dem Vorderen Orient und den Ländern rund ums Mittelmeer. Frisch und getrocknet ist er bei allen Fleischsorten zu verwenden, besonders gut bei Geflügel, Wild und bei Marinaden.
18. *Majoran* stammt vermutlich aus Indien. Durch arabische Händler kam er in den Mittelmeerraum. Frisch und getrocknet ist er hervorragend bei Schweine- und Lammfleisch, schwerem Geflügel wie Gans und Ente und bei Hackfleischmischungen.

1 Beifuß
2 Lorbeer
3 Bergbohnenkraut
4 Pfefferminze
5 Petersilie, glatt
6 Schnittlauch
7 Salbei
8 Kerbel
9 Estragon
10 Borretsch
11 Basilikum
12 Oregano
13 Zitronenmelisse
14 Pimpernelle
15 Dill
16 Rosmarin
17 Thymian
18 Majoran

Kräuter und Gewürze Tafel II

1. *Bohnenkraut*, getrocknet, gerebelt: siehe Tafel I
2. *Beifuß*, getrocknet: siehe Tafel I
3. *Pilzmehl* wird aus getrockneten Pilzen hergestellt. Es eignet sich für Wild, Beizen und Marinaden.
4. *Knoblauchgranulat.* Knoblauch ist eine der ältesten Würz- und Heilpflanzen und stammt aus dem asiatischen Kulturraum. Breitete sich schon früh auf der ganzen Erde aus. Knoblauch paßt roh oder granuliert zu Marinaden und Saucen aller Art, zu Lamm- und Hackfleisch, auch zu pikanten Broten.
5. *Senfkörner.* Senf ist eine uralte Würzpflanze aus dem Vorderen Orient und in den Mittelmeerländern. Die Körner verwendet man zu Marinaden und Saucen (fein in der Remouladensauce).
6. *Piment*, Nelkenpfeffer, engl. Allspice, ist ein Myrtengewächs von den Westindischen Inseln, von Kolumbus entdeckt. Das Gewürz eignet sich gut für Marinaden und Beizen.
7. *Vanille* ist eine Lianenart aus dem tropischen Urwald Mexikos. Mit Zukker ein ideales Mischgewürz für die meisten süßen Sachen.
8. *Safran* ist eine alte Gewürz- und Färberpflanze aus Vorderasien. Wegen des strengen Geschmacks nur sehr vorsichtig verwenden bei den Saucen und Marinaden für Fische und Schaltiere.
9. *Schwarzer Pfeffer.* Pfeffer ist ein Gewächs aus dem tropischen Asien. Für schwarzen Pfeffer werden die unreifen grünen Beeren geerntet, fermentiert und dann getrocknet.
10. *Weißer Pfeffer* wird aus reifen, roten und geschälten Beeren gewonnen. Pfeffer eignet sich grundsätzlich für Fleischsorten aller Art, für Fisch und für Marinaden und Saucen.

1
2
3
4
5
6
7
8
9
10
11
12
13
14
15
16
17
18
19
20
21
22
23
24
25

11. *Koriander*, heimisch im Vorderen Orient und rund ums Mittelmeer, ist eine der ältesten Würzpflanzen. Er eignet sich für Lamm- und Hammelfleisch, Wild und Marinaden.

12. *Kardamom* stammt aus den feucht-heißen Klimagebieten Indiens. Die kleinen Körnchen in den Samenkapseln (die man frisch zerdrückt oder zerstößt, weil sie schnell ihr Aroma verlieren), sind ideal für alle süßen Schlemmereien vom Grill.

13. *Grüner Pfeffer* wird ebenfalls, wie der schwarze, unreif geerntet und mit Hilfe einer Lake oder durch Spezialtrocknung konserviert. Die Beeren sollten frisch zerkleinert werden, da ihr Aroma schnell verfliegt.

14. *Wacholder* ist ein europäisches Gewächs und war schon bei den heidnischen Germanen hoch geachtet. Hervorragend geeignet für Marinaden und Saucen, bei fetten Fleischsorten und bei Wild. Einen herrlichen Duft gibt es, wenn man beim Grillen einige Zweige über die Glut legt.

15. *Gewürznelken* sind getrocknete Blütenknospen des Gewürznelkenbaumes, dessen Urheimat die tropischen Regenwälder der Molukken sind. Nelken haben sich bewährt beim Spicken von Lamm- und Hammelfleisch, ebenso bei Schwein und Wild. Sparsam verwendet auch bei Saucen und Marinaden.

16. *Kümmel* soll das älteste Gewürz der Welt sein. Man fand ihn in Pharaonengräbern und bei europäischen Pfahlbauten der Stein- und Bronzezeit. Hervorragend zu Kartoffeln und Quarkmischungen, im Brot und in Marinaden für Krustentiere.

17. *Mohn* stammt aus Kleinasien. Die kleinen Körnchen werden hauptsächlich für pikante Brote verwendet.

18. Die *Muskatnuß* stammt mit ihrem Baum aus den tropischen Regenwäldern der Molukkeninseln wie der Gewürznelkenbaum. Die Nuß, frisch gerieben oder pulverisiert, eignet sich zum Würzen von Schweinefleisch, Lamm und Hammel, Wild und in Marinaden, kalten Saucen und Dips.

19. *Sternanis* sind die Fruchtkapseln eines aus Südchina stammenden Magnolienbaumes. Bewährt bei exotischen Fleischzubereitungen, vor allem in Marinaden.

20. *Zimt* kommt aus China, Indien und dem südasiatischen Inselbereich. Wird beim Grillen für Marinaden und Saucen verwendet, vor allem aber bei süßen Leckereien.

21. *Chilischoten* gehören zu den Paprikapflanzen, die ursprünglich aus Mittelamerika stammen. Frisch, getrocknet und gemahlen werden sie überall dort verwendet, wo es scharf sein soll, auch zum Einreiben von Fleisch, in Marinaden und Saucen.

22. *Paprikapulver* gibt es in verschiedenen Schärfegraden, je nachdem ob überhaupt oder wie viele Kerne und Rippen des Würzpaprikas mit vermahlen worden sind. Paprika edelsüß hat zum Beispiel einen sehr geringen Kerneanteil, Paprika rosenscharf schon wesentlich mehr.

23. *Currypulver* ist eine Gewürzmischung der indischen Küche. Das Pulver kann aus 12 bis 20 verschiedenen Gewürzen bestehen. Beim Grillen wird Curry in Marinaden und Saucen verwendet.

24. *Ingwer*, gemahlen. Die Wurzelknollen des Ingwer kommen aus den tropischen Gebieten Ostasiens. Frisch gerieben oder gehackt oder getrocknet und pulverisiert wird Ingwer in der Grillküche bei Marinaden und Saucen sehr häufig verwendet. Schmeckt auch sehr gut bei Süßigkeiten vom Grill.

25. Die *Zwiebel* stammt aus den Steppengebieten Asiens und gehörte schon in vorgeschichtlicher Zeit zu den Grundnahrungsmitteln. Sie eignet sich zum Würzen für Fleischgerichte aller Art, für Marinaden und Saucen

1 Bohnenkraut, getrocknet, gerebelt
2 Beifuß, getrocknet
3 Pilzmehl
4 Knoblauchgranulat
5 Senfkörner
6 Piment
7 Vanillestange
8 Safran
9 Schwarzer Pfeffer
10 Weißer Pfeffer
11 Koriander
12 Kardamomkapseln
13 Grüner Pfeffer
14 Wacholder
15 Gewürznelken
16 Kümmel
17 Mohnsamen
18 Muskatnuß, ganz und gerieben
19 Sternanis
20 Zimt
21 Chilischoten und -pulver
22 Paprikapulver
23 Curry
24 Ingwerpulver
25 Zwiebeln

Verzeichnis der Rezepte